DAS WEIHNACHTSEVANGELIUM

Neu übersetzt und ausgelegt
von Rudolf Pesch

Das Weihnachts-evangelium

*Neu übersetzt und ausgelegt
von Rudolf Pesch*

FREIBURG · BASEL · WIEN

Jean-Marie Cardinal Lustiger
(17. September 1926 – 5. August 2007)
zugeeignet

Alle Rechte vorbehalten
© Verlag Herder Freiburg im Breisgau 2007
www.herder.de

Umschlagmotiv:
Griechische Ikone, 17. Jh.

Innengestaltung:
Weiß-Freiburg GmbH – Graphik & Buchgestaltung
Druck und Bindung:
fgb · freiburger graphische betriebe
www.fgb.de

Gedruckt auf umweltfreundlichem,
chlorfrei gebleichtem, säurefreiem Papier
Printed in Germany
ISBN 978-3-451-29632-1

VORWORT

Verehrte Leserinnen und Leser!

Mit der Auslegung des Weihnachtsevangeliums habe ich mich seit vielen Jahren immer wieder befasst. Die Erforschung seiner literarischen Kunst und auch seiner politischen Implikationen hat mich nicht losgelassen.

In diesem Band nun lege ich eine neue Übersetzung, in großer Nähe zum griechischen Original, und meine Auslegung vor. Sie richtet sich an alle, die sich von der Weihnachtsbotschaft anrühren lassen: Nicht der römische Kaiser Augustus bringt den Frieden, sondern der jüdische Messias Jesus von Nazaret.

Er hat die Gemeinden der Kirche als die Friedensorte rund um die Welt gestiftet. Ihrer Stärkung soll meine Darstellung dienen.

Ich habe sie dem em. Erzbischof von Paris, Jean-Marie Cardinal Lustiger, mit dessen Zustimmung gewidmet; er hat uns ermutigt, an die jugendliche Kraft der Kirche zu glauben.

Bad Tölz, am Fest der Darstellung des Herrn, dem 2. Februar 2007   *Rudolf Pesch*

INHALT

Vorwort 5

Zur Einführung:
Die Wahrheit und der Friede 8

Teil 1:
Der Text des Weihnachtsevangeliums 13
  Das Weihnachtsevangelium (Übersetzung) 13
  Der Umfang des Weihnachtsevangeliums 17
  Überlieferungsgeschichte 19
  Der kunstvolle Aufbau der Erzählung 20

Teil 2:
Die Auslegung 24
  Satz 1: Die Steuererhebung unter Kaiser Augustus (Lk 2,1) 25
  Satz 2: Die Durchführung der Aufzeichnung durch den Statthalter Quirinius und der jüdische Widerstand (Lk 2,2) 39
  Satz 3: Loyal, aber frei – der Weg der Christen (Lk 2,3) 46
  Satz 4–6: Streit um den «Sohn Davids» (Lk 2,4–5) 56
  Satz 7–9: Das Krippenkind (Lk 2,6–7) 61

*Satz 10–12: Die Hirten, das messianische
Gefolge (Lk 2,8–10a)* 68
*Satz 13–15: Jesus von Nazaret, der Messias,
der Retter und Herr (Lk 2,10b–12)* 73
Satz 16–18: Auf Erden Friede (Lk 2,13–14) 81
*Satz 19–21: Nach Betlehem eilen
(Lk 2,15–16)* 90
Satz 22–24: Alle staunten (Lk 2,17–19) 94
*Satz 25–27: Jesus – nicht Augustus
(Lk 2,20–21)* 97

SCHLUSSWORT:
*«Mit den Wurzeln im Morgenland und
zwischen den Sternen»* 102

ZUR EINFÜHRUNG: DIE WAHRHEIT UND DER FRIEDE

Das Weihnachtsevangelium dient in unseren Tagen in der Regel der Erzeugung gemütvoll religiöser Gefühle, der Befriedigung des Bedürfnisses nach wehmütiger oder religiöser Stimmung, freilich auch in den Botschaften der Päpste und Bischöfe, der Staatsoberhäupter und Staatsmänner als Basis allgemeiner Friedensappelle.

In der Wahrheit liegt der Friede

Zu Beginn des Jahres 2006 hat Papst Benedikt XVI. in seiner Botschaft zum Weltfriedenstag jedoch das Thema überzeugend neu exponiert: «In der Wahrheit liegt der Friede.» Darin heißt es:

«Das diesjährige Thema ... bringt die Überzeugung zum Ausdruck, dass der Mensch, wo und wann immer er sich vom Glanz der Wahrheit erleuchten lässt, fast selbstverständlich den Weg des Friedens einschlägt. Die pastorale Konstitution ‹Gaudium et Spes› des Zweiten Vatikanischen Konzils, das vor 40 Jahren abgeschlossen wurde, stellt fest, dass es der Menschheit nur dann gelingen wird, ‹die Welt für alle wirklich menschlicher zu gestalten […], wenn alle sich in einer inneren Erneuerung der Wahrheit des Friedens zuwenden›.»

Von der «Wahrheit des Friedens» handelt auch das Weihnachtsevangelium, und zwar in einer Weise, der die gewohnt idyllische oder bloß gemütvolle Betrachtung dieses großartigen Textes nicht standhält. Es bedarf der Entdeckung und Herausarbeitung der politischen Dimension dieses großen Textes, damit erkennbar wird, inwiefern auch er von der Wahrheit des Friedens zu uns spricht.

Das Weihnachtsevangelium wirft in der Gegenüberstellung des Kaisers Augustus mit dem Messias Jesus, dem Krippenkind, die Frage auf: «Wer bringt den Frieden?» – und es hält eben diese Antwort bereit: Der in Jesus von Nazaret erschienene Retter und Herr zusammen mit den Glaubenden «Seines Wohlgefallens». Papst Benedikt XVI. hat dies so ausgeführt:

«In dieser Weise beschrieben, gestaltet sich der Friede als himmlische Gabe und göttliche Gnade, die auf allen Ebenen die praktische Übernahme der größten Verantwortung erfordert, nämlich der, die menschliche Geschichte in Wahrheit, Gerechtigkeit, Freiheit und Liebe der göttlichen Ordnung anzupassen.»

Lukas spricht im Weihnachtsevangelium von den Empfängern der himmlischen Gabe des Friedens als den «Menschen des göttlichen Wohlgefallens». Die Glaubenden sind – so wird es Jesus in einer Seligpreisung seiner Jünger sagen – zu Friedenstiftern berufen, als Söhne des einen, wahren, lebendigen Gottes (Mt 5,9).

Wer hindert den Frieden?

Der Papst stellte auch diese Frage und schrieb dazu: «In diesem Zusammenhang betont die Heilige Schrift in ihrem ersten Buch, der Genesis, die Lüge, die zu Beginn der Geschichte von dem doppelzüngigen Wesen ausgesprochen wurde, das der Evangelist Johannes als den ‹Vater der Lüge› bezeichnet (Joh 8,44). Die Lüge ist auch eine der Sünden, welche die Bibel im letzten Kapitel ihres letzten Buches, der Offenbarung, erwähnt, um den Ausschluss der Lügner aus dem himmlischen Jerusalem anzukündigen: ‹Draußen bleibt ... jeder, der die Lüge liebt und tut› (Offb 22,15). Mit der Lüge ist das Drama der Sünde mit ihren perversen Folgen verbunden, die verheerende Auswirkungen im Leben der Einzelnen sowie der Nationen verursacht haben und weiter verursachen. Man denke nur daran, was im vergangenen Jahrhundert geschehen ist, als irrige ideologische und politische Systeme die Wahrheit planmäßig verfälschten und so zur Ausbeutung und Unterdrückung einer erschütternden Anzahl von Menschen führten, ja, sogar ganze Familien und Gemeinschaften ausrotteten.»

Das Friedensprogramm des Kaisers Augustus – in Palästina vertreten durch seinen Vasallen, König Herodes den Großen, den «Freund des Kaisers» – war nicht auf Wahrheit, sondern auf die Macht der Soldatenstiefel gegründet, und letztlich – bei Herodes in seinen messianischen Ambitionen besonders deutlich greifbar – auf Lüge.

Die «stille Revolution» der Christen

Lukas, der die Weihnachtserzählung überliefert hat, stellt die Geschichte Jesu und die frühe Geschichte der christlichen Mission bewusst als ein Geschehen dar, das sich im hellen Licht der

Öffentlichkeit des römischen Weltreiches abspielte, als eine Geschichte, deren Studium die Verdächtigung des christlichen Glaubens als eines «finsteren Aberglaubens» (Tacitus) und der Christen als illoyaler, rebellischer Aufrührer widerlegt. Lukas berichtet ja, dass die Christen als «eine Pest, Anstifter von Unruhen» (Apg 24,5) verleumdet werden, und er lässt den Apostel Paulus vor König Agrippa sagen, dass die Ereignisse um den Messias Jesus «ja nicht in einem Winkel geschehen sind» (Apg 26,26).

Der unter dem Kaiser Augustus geborene, unter Kaiser Tiberius und dessen Präfekten Pontius Pilatus gekreuzigte Jesus von Nazaret war kein politischer Rebell; auch seine Anhänger waren keine Aufrührer, obwohl sie *ihn* und nicht den Kaiser als «Retter» und «Herrn» (Kyrios) verehren und obwohl sie sich aufgemacht haben, in ihrer Mission, in ihren Gemeinden den Erdkreis zu «revolutionieren» – in einer «stillen Revolution». Die Anhänger des *Kyrios Jesus* befinden sich durchaus in einem Widerspruch zum *Kyrios Kaisar*, die Anhänger der Friedensbewegung Jesu leben eine klare Alternative zur Friedensidee des Römischen Reiches vor. Zu dieser Alternative lädt das Weihnachtsevangelium ein.

TEIL 1:
DER TEXT DES
WEIHNACHTSEVANGELIUMS

DIE GEBURT JESU*

Zeitgeschichtlicher Rahmen
1 ¹Es geschah aber in jenen Tagen:
   Ausging ein Erlass vom KAISER AUGUS-
   TUS, aufgezeichnet solle werden (der ganze Erdkreis).
2 ²Diese erste Aufzeichnung geschah,
   als Quirinius Statthalter von Syrien war.
3 ³Und alle zogen hin, sich aufzeichnen zu
   lassen, ein jeder in die ihm eigene Stadt.

Davidische Herkunft – Aus Betlehem
4 ⁴Hinaufstieg aber auch Josef von Galiläa
   aus der Stadt Nazaret nach Judäa in die
   Stadt Davids, die Betlehem heißt,
5 weil er aus dem Haus und Geschlecht
   Davids war,
6 ⁵um sich aufzeichnen zu lassen mit Maria,
   der ihm Angetrauten, die schwanger war.

---
* Die Übersetzung bemüht sich um Nähe zum griechischen Text. Die großen Ziffern zählen die Textab-
  schnitte (Sätze), die kleinen zeigen die Verszählung an.

Verborgene Geburt des Messias

7 ⁶Es geschah aber, während sie dort waren: Erfüllt wurden die Tage, dass sie gebären sollte.

8 ⁷Und sie gebar ihren Sohn, den Erstgeborenen.

9 Und sie wickelte ihn und bettete ihn in einer Krippe (weil sie keinen Platz hatten in der Unterkunft).

DIE VERKÜNDIGUNG DER GEBURT JESU

Engelerscheinung vor den Hirten

10 ⁸Und Hirten waren in derselben Gegend im Freien und hielten Nachtwache bei ihrer Herde.

11 ⁹Und ein Engel des Herrn trat zu ihnen und die Herrlichkeit des Herrn umstrahlte sie.

12 Und sie fürchteten sich in großer Furcht; ¹⁰doch es sprach zu ihnen der Engel:

Engelbotschaft an die Hirten

13 «Fürchtet euch nicht! Denn siehe,
ich frohbotschafte euch große Freude,
welche zukommen wird dem ganzen Volk.

14 ¹¹Denn geboren wurde euch heute ein RETTER, der ist CHRISTUS, HERR, in Davids Stadt.

15 ¹²Und dies sei euch das Zeichen: Finden werdet ihr ein Neugeborenes, gewickelt und in einer Krippe liegend.»

Engellob

16 ¹³Und plötzlich ward mit dem Engel eine Menge himmlischen Heeres;

17 die lobten Gott und sagten:

18 ¹⁴«Herrlichkeit in den Höhen Gott und auf Erden Friede unter den Menschen des Wohlgefallens!»

DIE BESTÄTIGUNG DER VERKÜNDIGUNG

Bestätigung des Zeichens

19 ¹⁵Und es geschah: Als fortgegangen waren von ihnen in den Himmel die Engel, redeten die Hirten zueinander:

20 «Lasst uns doch hinübergehen nach Betlehem und sehen dies Ding, das geschehen ist, das der Herr uns kundgetan hat!»

21 ¹⁶Und sie gingen eilend und fanden Maria und Josef und das Neugeborene, in der Krippe liegend.

Bericht der Hirten, Reaktion der Hörer
22 ¹⁷Da sie es aber sahen, machten sie kund das Wort, das zu ihnen geredet worden war über dieses Kind.
23 ¹⁸Und alle, die es hörten, staunten über das, was von den Hirten zu ihnen geredet wurde.
24 ¹⁹Maria aber bewahrte alle diese Worte, sie überdenkend, in ihrem Herzen.

Lobpreis der Hirten, Beschneidung und Namengebung Jesu
25 ²⁰Und die Hirten kehrten zurück.
26 Sie priesen und lobten Gott für alles, was sie gehört und gesehen hatten, gemäß dem, wie zu ihnen geredet worden war.
27 ²¹Und als erfüllt waren acht Tage, ihn zu beschneiden, da wurde genannt sein Name JESUS (der genannt worden war von dem Engel, bevor er im Mutterleib empfangen wurde).

Der Umfang
des Weihnachtsevangeliums

Sowohl in der Liturgie der Kirche als auch in den geläufigen Bibelausgaben wird das Weihnachtsevangelium auf die Verse 1–20 des zweiten Kapitels des Lukasevangeliums beschränkt. Der Vers 21 (Satz 27 unserer Gliederung), der von der Beschneidung und Namengebung Jesu erzählt, gehört jedoch zur Geburtserzählung hinzu; ohne die Notiz von der Beschneidung des Kindes und der Namengebung Jesu ist das Weihnachtsevangelium nicht vollständig, eher verstümmelt.

Dafür sprechen eine Reihe von Parallelen aus dem Alten Testament und aus frühjüdischen Nacherzählungen der alttestamentlichen Geburtsgeschichten. Beschneidung und/oder Namengebung bilden jeweils den Abschluss einer Erzählung von der Geburt eines Gottesmannes (*Ismael*: Gen 16,7–16; Jubiläenbuch 14,21–24; *Isaak*: Gen 21,1–8; Jubiläenbuch 16,12–14; *Simson*: Ri 13,1–24; Pseudo Philo, Antiquitates Biblica 42,1–43,1; Flavius Josephus, Jüdische Altertümer V, 285; und viele andere Beispiele, besonders die Erzählung von Geburt, Beschneidung und Namengebung *Johannes des Täufers* in Lk 1,57–66).

Das Weihnachtsevangelium (Lk 2,1–21) ist ein im Ganzen einheitlicher, nicht, wie mitunter behauptet wurde, ein aus zwei ursprünglich getrennten Teilen (2,1–7; 2,8–21) zusammengesetzter Text; es ist ein Text aus einem Guss. Historische Schwierigkeiten mit der Datierung des Zensus, der ersten Steuererhebung in Palästina, können nicht zum Anlass genommen werden, den Text in disparate Bestandteile zu zerlegen. Innerhalb des Textes selbst gibt es keine literarkritisch auswertbaren Spannungen, Dopplungen, Wiederholungen oder Brüche.

Im ersten Teil finden wir wesentliche Verständnisvoraussetzungen für den zweiten, nämlich die Einführung der Eltern des Kindes (2,4–5; Satz 4–6), die Notiz von seiner Geburt (2,6; Satz 7) und die Vorbereitung des «Zeichens» (2,7; Satz 8–9), das vom Engel den Hirten gegeben wird.

Für die Einheitlichkeit des Textes spricht am deutlichsten dessen kunstvoller Aufbau, den wir unten detailliert darstellen.

Überlieferungsgeschichte

Die Weihnachtserzählung ist ein vorlukanischer, von Lukas nur wenig bearbeiteter Text. Die Annahme, dass das Weihnachtsevangelium eine selbständige, ursprünglich nicht mit der Ankündigung der Geburt Jesu durch den Engel Gabriel (Lk 1,26–38) verbundene Erzählung war, stützt sich auf folgende Beobachtungen:

Maria wird in Vers 5 neu vorgestellt, als ob vorher nicht bereits von ihr die Rede gewesen wäre; – Marias Verständnis des Ereignisses rührt von der Botschaft der Hirten her; die Deutung durch den Engel Gabriel bei der Verkündigung wird nicht erwähnt; – die vom Engel in der Verkündigungsgeschichte angekündigte Jungfrauengeburt und Zeugung durch den Heiligen Geist werden nicht erinnert, Josef und Maria erscheinen als gewöhnliches Ehepaar; – die Botschaft des Engels in der Verkündigungsgeschichte deutet Jesus als davidischen Herrscher (Lk 1,26–28), das Weihnachtsevangelium als «Retter» (Lk 2,11; Satz 14).

Der Hinweis auf die Ankündigung des Namens Jesu durch den Engel Gabriel am Schluss des Weihnachtsevangeliums (Lk 2,21c, in Satz 27) ist wahrscheinlich eine lukanisch-redaktionelle Verklammerung der Geburtserzählung mit der Geburtsankündigungsgeschichte und gehört wohl nicht zur ursprünglichen Erzählung.

Diese stammt vermutlich aus dem frühen palästinischen Judenchristentum und ist voll von Assoziationen an alttestamentlich-biblische und frühjüdisch messianische Überlieferung. Der sprachliche Charakter des griechischen Textes, den Lukas überliefert hat, lässt auf eine semitische, wohl aramäische Urfassung der Erzählung schließen. Auf die Feder des Lukas gehen vermutlich kleine Veränderungen des dem Evangelisten überlieferten Textes zurück, die in der Übersetzung durch Klammern markiert sind.

Der kunstvolle Aufbau der Erzählung

Die gesamte Erzählung ist nach einem Dreierschema komponiert, das sich besonders gut für konzentrische Strukturen eignet, in denen die hervorgehobene Aussage jeweils in die Mitte einer Dreiereinheit gerückt wird.

In der Weihnachtserzählung ist ein geradezu raffiniertes Bauprinzip angewandt: Es ist leicht zu erkennen, dass die zentralen, besonders betonten Aussagen jeweils in der Mitte (Satz 4–6; Satz 13–15; Satz 22–24) der drei jeweils dreiteiligen Abschnitte stehen und dass die Gesamterzählung ihre Mitte im fünften der neun Unterabschnitte (Satz 12–15) besitzt: in der Engelbotschaft an die Hirten, der Verkündigung der Geburt des Retters, Messias und Herrn.

Nun ist aber weiterhin frappierend, dass die neun Unterabschnitte ebenfalls dreiteilig gebaut sind; die Erzählung besteht also aus siebenundzwanzig Erzählteilen und besitzt folglich ihre Mitte in Satz 14, also im Wortlaut der Frohbotschaft des Engels.

Die Zahl 14 wird der Leser schon aus dem Stammbaum Jesu im Matthäusevangelium mit den dreimal vierzehn Generationen kennen (vgl. Mt 1,1–17). Die antike Literatur, nicht nur des Judentums, kennt das geistreiche Spiel mit Buchstaben und Zahlen, die *Gematria.* Dabei geht es vorzüglich um den Zahlwert der Buchstaben, welcher der Reihenfolge des Alphabets entnommen wird: a entspricht der 1, b der 2, c der 3 usw. Sowohl im hebräischen wie im griechischen Alphabet dienen die Buchstaben zugleich als Zahlzeichen. Bei jedem beliebigen Wort kann man also mühelos die «Quersumme» und damit den «Zahlenwert» des Wortes errechnen.

Der Zahlenwert des hebräischen Namens David (DWD) – das ist für unseren Zusammenhang wichtig – lautet 4 + 6 + 4 = 14. Die Zahl 14 ist schon im Alten Testament ausgezeichnet als die Zahl der Generationen von Abraham bis David. In Mt 1 wird der Stammbaum des Sohnes Davids, des Sohnes Abrahams (1,1) gezielt in 3 mal 14 Generationen vorgestellt. Und in der Weihnachtserzählung wird genau in der Mitte des Textes, in Satz 14 erklärt, dass Jesus als Sohn Davids, der in Davids Stadt Betlehem geboren wurde, der RETTER und HERR ist – und nicht der Kaiser Augustus.

Überblickt man die Gesamtkomposition der Geburtslegende Jesu, so springt geradezu ins Auge, dass in den Eckpfeilern des Baus, am Anfang und am Schluss, der KAISER AUGUSTUS einerseits und JESUS andererseits genannt sind. Sie sind die Schlüsselfiguren, diejenigen, die als Friedensbringer verehrt werden, – der

Kaiser in der heidnischen Welt seines Imperiums, Jesus in den kleinen Gemeinden, die sich anschicken, den Erdkreis still und gewaltlos zu revolutionieren – durch miteinander verbundene solidarische Orte des Friedens in aller Welt.

Das Weihnachtsevangelium, die alte Geburtslegende, will erzählen, wie anlässlich eines Erlasses des damaligen Herrn der Welt, des römischen Kaisers Augustus, der (wie Lukas verdeutlicht) den ganzen Erdkreis regierte (in den Provinzen durch seine Statthalter), in der Provinz Judäa, in der kleinen Stadt Betlehem, der Stadt Davids, aus dem Geschlecht Davids der wahre RETTER und HERR: Jesus, geboren und durch Gottes, des wahren Herrn der Welt, Boten als solcher öffentlich proklamiert wurde.

Es dürfte sodann kein Zufall sein, dass in unserem Text Jesus als der Herrscher proklamiert wird, der «auf Erden unter den Menschen des (göttlichen) Wohlgefallens» – nicht kaiserlichen Wohlgefallens! – den «Frieden» bringt.

Durch das Weihnachtsevangelium ist also die Frage aufgeworfen: Wer bringt wirklich den Frieden?

TEIL 2:
DIE
AUSLEGUNG

Unsere Erzählung vibriert untergründig von der Spannung zwischen dem universalen Anspruch des römischen Herrschers, der die *pax Romana* als *pax Augustana* auf die Macht der römischen Legionen gegründet hatte, und dem universalen Anspruch des jüdischen (zunächst von den Judenchristen und dann auch von ehemaligen Heiden akzeptierten) Messias, der von einem römischen Präfekten, Pontius Pilatus, ans Kreuz geschlagen worden war, nachdem er Gottes Herrschaft ausgerufen und die Gewaltlosigkeit gepredigt hatte.

Satz 1:
Die Steuererhebung unter Kaiser Augustus (Lk 2,1)

1 *¹Es geschah aber in jenen Tagen: Ausging ein Erlass vom Kaiser Augustus, aufgezeichnet solle werden (der ganze Erdkreis).*

«Kaiser Augustus»

Mit dem Namen des Augustus verband die damalige heidnische Welt die vom Kaiser propagierte Friedensidee. Kaiser Augustus hatte im Jahr 10 v. Chr. den Kult der Friedensgöttin *(Pax)* in Rom eingeführt. Schon drei Jahre zuvor hatte der Senat die *ara pacis Augustae*, den Altar des Augustäischen Friedens, gestiftet, der 9 v. Chr. am Ostrand des Marsfeldes, des Geländes des Kriegsgottes, eingeweiht wurde.

Wichtig sind die Figurenreliefs der Vorder- und Rückwand dieses Altares: Rechts neben der Eingangstür sieht man den bärtigen Aeneas, wie er bedeckten Hauptes an einem ländlichen Altar den Penaten opfert. Mit diesem Relief sollen der Kaiser und seine Familie geehrt werden, denn das julische Haus sah ja den von Venus geborenen Aeneas als seinen Stammvater an. Später wird der «göttliche Augustus» allerdings mehr mit dem Lichtgott Apollo in Zusammenhang gebracht.

Schon im ersten Jahrhundert n. Chr., nicht lange nach seinem Tod, verehrte man Augustus als Sohn des Gottes Apollo und man erzählte Geburtslegenden vom «göttlichen Augustus» und Legenden von dessen Vater Octavianus.

Vergils Vierte Ekloge

Noch mitten im römischen Bürgerkrieg, 42 oder 41 v. Chr., hatte der Dichter Vergil, vermutlich in der Hoffnung auf den Sohn des Octavianus, den späteren Kaiser Augustus, in seiner berühmten Vierte Ekloge in kunstvollen Hexametern die Geburt des Weltheilandes angekündigt und die Utopie eines anbrechenden Friedensreiches genährt:

«Du nur blick auf des Knaben Geburt mit gnädigem Auge, / welcher ein Ende der eisernen bringt und den Anfang der goldenen Zeit für die Welt ... / Frieden bringt er der Welt, mit des Vaters Kraft sie regierend.»

Erst später wurde Vergil zu einem heidnischen Propheten des Friedensbringers Jesus gemacht, als die Auseinandersetzung der Kirche mit dem Römischen Reich schon vorangeschritten war. Zu seinen Lebzeiten war Vergil einer gewesen, der nicht bei der Friedenserwartung und -freude blieb, sondern Augustus und seiner Friedensidee eine politische Formel anbot, welche die imperiale Mission der Friedensstiftung mit der Richtlinie unterstrich: *parcere subjectis et debellare superbos* («die Unterworfenen schonen und die Hochmütigen niederkämpfen»).

Die Pax Romana Augustana

Als Augustus im Jahre 29 v. Chr. nach Beendigung des Bürgerkrieges nach Rom zurückkehrte, war seine erste Amtshandlung die Schließung des Janustempels; dies war ein Zeichen dafür, dass nun eine Friedenszeit anbreche. Der Tempel des doppelgesichtigen – Krieg und Frieden kündenden – Gottes Janus wurde geöffnet, wenn Rom sich im Krieg befand, seine Türen wurden geschlossen, wenn alle Teile des Römischen Reiches befriedet waren. Freilich war eine Voraussetzung dafür, dass die Türen geschlossen werden durften: ein durch römischen Sieg und die Niederlage der Feinde errungener Friede. Augustus rühmte sich, dass er aufgrund seiner militärischen Siege den Tempel dreimal schließen lassen konnte.

Vermutlich im Jahr der Weihe der *ara pacis*, im Jahr 9 v. Chr., beschlossen die Griechenstädte der Provinz Asia, den Jahresbeginn auf den 23. September, den Geburtstag des Augustus zu verlegen, da, wie es in ihrem Beschlusstext heißt, «die göttlich unser Leben durchwaltende Vorsehung, Eifer beweisend und Ehrgeiz, das vollkommenste Gut dem Leben einfügte, indem sie AUGUSTUS hervorbrachte, den sie zum Wohle der Menschen mit Tugend erfüllte, und damit uns und unseren Nachkommen den RETTER schenkte, der dem Krieg ein Ende setzte und ordnen wird den FRIEDEN».

In einer Inschrift aus Halikarnassos, einer Stadt an der Küste Kleinasiens, die das berühmte Mausoleum beherbergte, wird der Kaiser Augustus «RETTER des allgemeinen Menschengeschlechtes» genannt, und zur Begründung ist ausgeführt: «Denn FRIEDLICH sind Land und Meer, die Städte bleiben in trefflicher Rechtsordnung, in Eintracht und Gedeihen, Blüte und Frucht trägt jegliches Gute, die Menschen sind voll guter Hoffnung auf die Zukunft, voll frohen Mutes für die Gegenwart.»

Die lange Epoche der Herrschaft des Octavius Augustus – er regierte von 27 v. Chr. bis 14 n. Chr. – war etwas Besonderes. Augustus hatte die Bürgerkriege, die in der Folge der Ermordung Caesars ausgebrochen waren, erfolgreich beendet. Dass Augustus Alleinherrscher geworden war, seine Rivalen besiegt und die mörderischen Auseinandersetzungen beendet hatte, empfanden die Zeitgenossen als die Voraussetzung für den «Frieden» und das gewisse Wohlergehen der Völker im Mittelmeerraum.

Der «göttliche Augustus»

Mit dem Namen des Augustus verband sich fortan weltweit das Programm der schon genannten *Pax Romana Augustana*. Bereits zu Lebzeiten war der Kaiser nach seiner eigenen und seiner Verehrer Einschätzung nicht nur ein «sterblicher Gebieter», Augustus ließ sich als göttlich verehren. Das ist deutlich zu sehen auf der Augustus-Darstellung einer kostbaren

Gemme, die in der zweiten Dekade unserer Zeitrechnung (zwischen den Jahren 10 und 20) angefertigt worden ist, der so genannten *Gemma Augustea*.

Sie zeigt in der oberen Hälfte, wie Kaiser Augustus als der höchste Gott, als Jupiter inthronisiert wird. In der unteren Zone der Gemme errichten römische Soldaten links eine Siegestrophäe mit den Waffen der besiegten Feinde. Ein Mann und eine Frau werden daran gefesselt. An der rechten Seite zwingen zwei Hilfstruppen andere Gefangene in Richtung der Siegestrophäe. Es werden Augustus zugeschriebene Siege gefeiert. Augustus wird von der Stadtgöttin *Roma* bewundert. Die Gemme charakterisiert gut den gewaltsamen Weg zum «Frieden» des Augustus.

Erfahrungen mit der Pax Romana in Palästina

Wir fragen nun: Wie hatten die Juden und die Judenchristen den «Frieden» des Augustus erfahren? Zunächst durch seinen Vasallen und Freund, Herodes den Großen, dann auch durch dessen noch grausameren Sohn Archelaos, der von 4 v. bis 6. n. Chr. in Judäa als König regierte.

Vor kurzem hat der an der hebräischen Universität in Jerusalem tätige israelische Forscher Israel Knohl eine Interpretation neuerer Texte aus Qumran vorgelegt, die nicht nur das Jesusbild und christologische Grundfragen berührt, sondern auch die zeitgeschichtliche jüdische Auseinandersetzung mit der römischen Politik und politischen Religion besser bekannt macht (Der vergessene Messias, München 2001). Israel Knohl vermutet mit guten Gründen, dass ein qumranischer Text, der vom «Sohn Gottes» spricht, auch «bestimmte Punkte der Augusteischen Ideologie aufgreift: die Charakterisierung des Augustus als ‹Sohn Gottes› und die Erwähnung des Kometen, der für den Eintritt des neuen Zeitalters steht», das mit Augustus als Zeit des Friedens anbrechen sollte. Im Juli 44, als Augustus nach der Ermordung Cäsars einer der Machthaber wurde, soll sieben Tage hintereinander ein Komet am Himmel zu sehen gewesen sein.

Wie schon erwähnt, hat das neue Zeitalter des Kaisers Hofdichter Vergil in seiner Vierten Ekloge angekündigt. Israel Knohl macht nun wahrscheinlich, dass Vergils Vierte Ekloge in Judäa, unter den Essenern, der Gemeinschaft von

Qumran, bekannt war. Denn: «Die Vierte Ekloge ist an den Konsul Asinius Pollio gerichtet, der ein Gönner Vergils war und zu dem Herodes eine besondere Beziehung unterhielt ... Wir können davon ausgehen, dass Herodes und sein Hof tatsächlich Kenntnis von der vierten Ekloge hatten, die Vergil dem Pollio widmete», an den er sich in der Vierten Ekloge auch direkt wendet.

Herodes wiederum schätzte die Essener, und Mitglieder ihrer Gemeinschaft verkehrten am Königshof in Jerusalem. Deshalb ist der Schluss erlaubt, dass in Qumran gegen die Augusteische Heilsideologie Stellung genommen wurde. Israel Knohl zeigt detailliert, wie in qumranischen Hymnen und besonders in einem messianischen Text eine jüdisch-offenbarungsgeschichtliche Heilsverkündigung gegen die religiös-politische Roms gesetzt wird:

«Augustus gab sich als Erretter der Menschheit, und viele Menschen sahen damals tatsächlich in ihm den Heiland und Erlöser, der Frieden für die Welt brächte ... Der Verfasser des Qumran-Textes indes widersprach dieser Sicht. Nach seiner Überzeugung war Augustus nichts weiter als ein Eroberer und Unterdrücker. Die *Pax Romana* des Augustus war kein echter Friede, sondern wurde dadurch erreicht, dass die Römer die Völker, die sie besiegt hatten, unterdrückten und zertraten. Die Herrschaft des Augustus war nicht von Dauer. Wahrer Friede und Erlösung kam erst mit dem Erscheinen des wirklichen ‹Menschensohns›, des Volkes Gottes.»

Auf seine eigene Weise nimmt nun auch das Weihnachtsevangelium gegen die mit Augustus verbundene Heilbringer-Ideologie Stellung. Dass die frühen judenchristlichen Erzähler Kontakt mit (früheren; vgl. Apg 6,7) Mitgliedern der Qumrangemeinschaft hatten und dadurch zu einer eigenen Stellungnahme mit der Geburtsgeschichte Jesu angeregt wurden, kann nicht ausgeschlossen werden.

Fragen wir noch: Wie erfuhren die Gemeinden aus Juden und Heiden selbst die *pax Augustana*? Hatten die Judenchristen nicht aus Jerusalem fliehen müssen, als im Jüdischen Krieg sich die römischen Belagerungsheere der Stadt näherten? Waren die führenden Judenchristen in Rom nicht schon Ende der vierziger Jahre von Kaiser Claudius aus Rom ausgewiesen worden? Hatte Kaiser Nero in der Mitte der sechziger Jahre nicht den von ihm gelegten Brand Roms auf die Christen abgeschoben und sie auf vielfältige Weise in seinem Zirkus zu Tode quälen lassen? War nicht Paulus in Rom im Namen des Kaisers enthauptet, Petrus kopfunter gekreuzigt worden? In der Offenbarung des Johannes wird das römische Weltreich die Hure Babylon genannt! Der Seher sagt von ihr, «dass die Frau betrunken war vom Blut der Heiligen und vom Blut der Zeugen Jesu» (Offb 17,6).

«In jenen Tagen»

Nach dem Tod Herodes des Großen (4 v. Chr.) hatte in Judäa und Samaria sein Sohn Archelaos als König regiert; auf gemeinsames Drängen der Judäer und Samaritaner war er vom Kaiser abberufen und nach Gallien verbannt worden. Im Jahre 6 n. Chr. wurde Judäa eine imperatorische Prokuratur im Römischen Reich. Die politische Verwaltung Judäas (und Samarias) wurde einem römischen Ritter übertragen. An die Stelle der indirekten Regierung Roms durch seine herodianischen Vasallen trat eine direkte; die Kapitalgerichtsbarkeit sowie die Steuerhoheit wurden vom Caesar Augustus an den Prokurator in Judäa delegiert.

Die Steuerhoheit drückte sich in der «ersten Aufzeichnung» aus. Das private Vermögen eines jeden sollte registriert werden, und die Registrierung diente einem Voranschlag über die Höhe der an den Staat abzuführenden Naturalabgaben sowie der Erhebung der Kopfsteuer (*tributum capitis*); nicht nur die Landeigner, auch die landlosen Schichten der Bevölkerung wurden nun steuerpflichtig gemacht.

Das Gebiet des Archelaos, der vornehmste Teil des Großreiches seines Vaters, Herodes des Großen, mit Judäa und Samaria, wurde in eine Provinz umgewandelt und als Prokurator wurde Coponius, ein Mann aus römischem Ritterstand, von Rom nach Jerusalem bzw. nach Cäsarea am Meer entsandt, wo der Hafen weiter ausgebaut wurde. Der Prokurator bzw. Präfekt – wie der Titel in der Pilatusinschrift aus Cäsarea lautet – empfing vom Kaiser obrigkeitliche Gewalt einschließlich des Rechts, die Todesstrafe zu verhängen.

In Cäsarea am Meer residierte später auch der römische Präfekt, der Jesus kreuzigen ließ: Pontius Pilatus. Bei den Ausgrabungen in Cäsarea wurde eine auf einem stark entstellten Baustein eingemeißelte beschädigte Inschrift aus dem Theater mit dem Namen des Präfekten von Judäa gefunden: Pontius Pilatus. Der Präfekt, so sagt die Inschrift, hat für die Schiffer das Tiberieum neu errichtet, einen Leuchtturm im Hafen der Residenz des Präfekten.

Pilatus hat manches dazu beigetragen, die römische Herrschaft und die Friedensidee Roms in den Augen der Juden wie der Judenchristen negativ erscheinen zu lassen.

«Aufgezeichnet solle werden»

Die Geburtslegende Jesu sieht den Kaiser Augustus nicht als Friedensherrscher, sondern als Unterdrücker jüdischer Freiheit, der gegen Gottes Gesetz verstößt. Das Reizwort «aufzeichnen/Aufzeichnung» begegnet im Text gleich viermal (VV 1.2.3.5) und weckt nur negative Assoziationen.

Davids Volkszählung (2 Sam 24) wird schon in 1 Chron 21,1 auf Satans Verführung zurückgeführt: «Der Satan trat auf gegen Israel und verführte David, Israel zu zählen.» David wird dafür von Gott gestraft. Seither galt eine Volkszählung als ungesetzlich, Gottes Willen zuwider.

Josephus Flavius berichtet vom Beginn der römerfeindlichen zelotischen Bewegung anlässlich der «ersten Aufzeichnung»: «Während der Amtszeit des ersten Präfekten verleitete ein Mann aus Galiläa mit Namen Judas die Einwohner der neuen Provinz zum Abfall, indem er es für einen Frevel erklärte, wenn sie bei der Steuerzahlung an die Römer bleiben und außer Gott noch sterbliche Herren *(despotai)* anerkennen würden» (Jüdischer Krieg II, 118).

Die Weihnachtserzählung rückt also bei der Nennung des Kaisers Augustus nicht sein Friedensprogramm in den Blick, im Gegenteil: Die Steuerhebung war der Anstoß zur zelotischen Erhebung gegen die Römer, die zum Jüdischen Krieg führte und «Rom» bei den Juden für Jahrhunderte verhasst machte.

Es sei noch angemerkt, dass die Weihnachtserzählung die Geburt Jesu um rund 10 Jahre später anzusetzen scheint, als dies nicht nur Matthäus tut, der Jesus noch zu Lebzeiten Herodes des Großen geboren sein lässt (Mt 2,1), sondern auch Lukas selbst, der Herodes in 1,5 als König in Judäa erwähnt. Diesen Widerspruch zu erörtern, ist hier nicht möglich. Jesus dürfte, da er gut über 30 Jahre alt war, als er gekreuzigt wurde, vor dem Jahre 4 v. Chr. geboren sein; im Johannesevangelium heißt es einmal: «Du bist noch keine 50 Jahre alt …» (Joh 8,57).

«Der ganze Erdkreis»

Wahrscheinlich hat erst der Evangelist Lukas den Erlass des Augustus den «ganzen Erdkreis» betreffen lassen, während ursprünglich wohl eher nur Judäa im Blick war. Lukas, der ja in seinem Doppelwerk schon von der Ausbreitung der christlichen Gemeinden bis nach Rom zu berichten weiß, will betonen, dass der Friede, der auf Betlehems Flur verkündet wurde, die ganze Welt angeht.

Satz 2:
Die Durchführung der Aufzeichnung durch den Statthalter Quirinius und der jüdische Widerstand
(Lk 2,2)

2 ²*Diese erste Aufzeichnung geschah, als Quirinius Statthalter von Syrien war.*

Volkszählungen dienten, wie wir schon erwähnten, in der Regel der Steuererhebung und waren besonders deshalb höchst unbeliebt. Nun gab es in Israel die «erste Aufzeichnung», und zwar auf Anordnung des Fremdherrschers, des römischen Kaisers, zum Zweck der Steuererhebung! Martin Hengel hat in seinem Buch über «Die Zeloten» (Leiden² 1976) die Nachrichten des Josephus Flavius so zusammengefasst: «Unmittelbar verbunden mit der Umwandlung Judäas in eine kaiserliche Provinz war die Schätzung ihres Steueraufkommens, die allerdings – vermutlich weil er über das geschulte Personal und die größere Erfahrung verfügte – von dem neuen Legaten von Syrien, P. Sulpicius Quirinius, und nicht von dem zugleich mit jenem entsandten Prokurator Coponius durchgeführt wurde. Eine solche Vermögenseinschätzung war mit einer Volkszählung und Landaufnahme verbunden, sie wurde daher als ein Verstoß gegen das Gesetz weithin abgelehnt. Nur mit Mühe konnte der Hohepriester Joazar Sohn des Boethos das Volk dazu bewegen, die Schätzung vornehmen zu lassen. Er machte sich durch dieses Eintreten für die römischen Belange schließlich so unbeliebt, dass ihn Quirinius nach dem Census dem Volkszorn opferte und ihn absetzte.»

«Diese erste Aufzeichnung»

Es lohnt sich, hier auch einmal den Originalton des jüdischen Historikers Josephus Flavius zu hören. Er hat über die Schätzung des Quirinius – und dabei erneut von Judas, dem Galiläer – so berichtet: «Quirinius, ein römischer Senator, der alle anderen öffentlichen Ämter bekleidet und bis zum Konsul durchlaufen hatte und im übrigen in hoher Achtung stand, kam nach Syria, vom Kaiser zum Gouverneur über das Volk berufen und mit der Aufgabe der Schätzung der Güter betraut. Coponius, ein Mann ritterlichen Standes, wurde mit ihm geschickt, damit er über die Judäer mit aller Vollmacht herrsche.

Es kam aber auch Quirinius nach Judäa, das Teil der Provinz Syria geworden war, um ihr Eigentum zu schätzen und die Güter des Archelaos [die vom römischen Staat konfisziert wurden] zu verkaufen.

Obgleich die Judäer anfangs erschrocken waren, als sie von der Registrierung hörten, ließen sie davon ab, sich weiter zu widersetzen, auf Grund des Zuredens des Hohenpriesters Joazar, des Sohnes von Boethos.

Nachdem sie sich den Worten des Joazar gefügt hatten, ließen sie ihr Eigentum schätzen ohne Bedenken. Aber ein gewisser Judas, ein Gaulaniter aus einer Stadt namens Gamala, der einen Pharisäer Saddok dazu gewonnen hatte, trieb zum Aufstand. Sie sagten, die Schätzung würde nichts anderes bringen als offene Sklaverei, und sie riefen das Volk zur Beanspruchung der Freiheit auf. Im Falle des Erfolges würde ihr Besitz auf Glück ruhen, falls sie scheiterten, solch Geschenk zu erlangen, würden sie Ehre und Ruhm für den Mut erwerben ...

Die Menschen nahmen ihre Rede mit Freude auf und das tollkühne Vorhaben machte große Fortschritte ... So wogen die Neuerung und Veränderung der väterlichen Überlieferungen schwer beim Untergang der Versammlung des Volkes. Judas und Saddok nämlich, die eine vierte Philosophenschule (die Zeloten) gegründet hatten und zahlreiche Anhänger um sich versammelt hatten, füllten sofort den Staat mit Unruhen und pflanzten durch die frühere Unbekanntheit solcher Philosophie Wurzeln der Übel, die bald wiederkehrten» (Jüdische Altertümer XVIII 1–6.9).

Die Spannungen zwischen Jerusalem und Rom

Der Galiläer Judas rief, wie wir von Josephus hörten, damals zum Aufstand gegen die Römer und führte mit seinen Bandenkriegern einen Partisanenkrieg gegen die römische Besatzung und deren Kollaborateure; er suchte, die Bevölkerung an der Befolgung des kaiserlichen Erlasses zu hindern; wie wir auch schon erwähnten, erklärte er es für einen Frevel, dem Kaiser die Steuern zu bezahlen und auf diese Weise außer Gott noch sterbliche Herren anzuerkennen. Im Jahre 66 n. Chr. haben die Zeloten mit dem Verbrennen von Steuerlisten den Krieg gegen Rom begonnen.

Als Lukas die Weihnachtserzählung in seinem Evangelium verbreitete, schauten er und seine Zeitgenossen schon auf den Jüdischen Krieg zurück, auf den Fall Jerusalems und die Zerstörung des Tempels durch die Römer im Jahr 70 n. Chr. Wenn jetzt von Steuererhebung die Rede war, dann kamen manchem auch die Münzen in den Sinn, welche Rom zum Zeichen des Sieges über Judäa mit der Inschrift *Judaea capta* prägen ließ.

Römische Provinzialmünzen mit dieser Inschrift sind erhalten, die unter dem römischen Kaiser Vespasian (69–79 n.Chr.) und seinen Nachfolgern Titus (79–81) und Domitian (81–96) nach der Niederwerfung des jüdischen Aufstands für die Provinz Judaea geprägt wurden. Sie zeigen meist einen römischen Legionär, eine Palme und eine trauernde Witwe. Die Palme ist das Symbol für Judaea, die trauernde Witwe tauchte als biblisches Symbol für das zerstörte Jerusalem schon 650 Jahre zuvor auf, als die Babylonier Jerusalem zerstört hatten.

Die Spannungen zwischen Jerusalem und Rom hatten sich also nach 70. n. Chr. noch einmal entscheidend vertieft. Das kleine Volk der Juden – durch die Diaspora freilich im ganzen Reich gegenwärtig – war den Römern ein besonderer Dorn im Auge: nicht nur wegen der strategisch wichtigen Lage Israels auf der Landbrücke zwischen Asien und Afrika, auch wegen des Anspruchs, das «Volk Gottes» zu sein, wo doch die Römer beanspruchten, exklusiv Experten in Sachen «Religion» zu sein.

Cicero hat diesen römischen Anspruch unübertrefflich zum Ausdruck gebracht: «Wenn wir (Römer) unsere Leistungen mit fremden vergleichen wollen, werden wir uns in den übrigen Dingen entweder gleich oder sogar unterlegen finden; in der Religion aber, das heißt in der Verehrung der Götter *(religione, id est cultu deorum)*, weit überlegen» (De natura deorum 2,8).

«Wer nämlich ist dermaßen von Sinnen, dass er nicht erkennte: dieses Riesenreich (Roms) ist durch der Götter Walten *(numen)* entstanden, gewachsen und erhalten worden ...; denn an Frömmigkeit *(pietas)*, Religiosität *(religio)* und dieser einen Weisheit *(sapientia)*, erkannt zu haben, dass durch der Götter Walten *(numen)* alles regiert und gelenkt werde, sind wir (Römer) allen Völkern überlegen» (De haruspicum responso 9,19).

Dass in Rom der Glaube an einen gekreuzigten jüdischen Messias auf Verständnis treffen werde, war nicht zu erwarten. Für Paulus war klar: Für heidnische Kreise, gerade auch die Gebildeten, war die Botschaft vom Kreuz «Torheit» – und wie es das frühe Spottkreuz vom Palatin in Rom (3. Jh.) ausdrückte: Eselei. Die Ritzung in der Wand zeigt einen Beter vor einem gekreuzigten Esel, dazu die Inschrift: «Alexamenos (der Christ) betet (einen gekreuzigten Esel als) seinen Gott an!»

Satz 3:
Loyal, aber frei –
der Weg der Christen
(Lk 3,3)

3 ³*Und alle zogen hin, sich aufzeichnen zu lassen, ein jeder in die ihm eigene Stadt.*
4 ⁴ᵃ*Hinaufstieg aber auch Josef ...*

Der Erlass des «Friedenskaisers» Augustus führte in Palästina zum Terrorismus, zu Unruhe und Unsicherheit; die Einführung der römischen Steuer war die Geburtsstunde der zelotischen Befreiungsbewegung, welche 66 n. Chr. den Aufstand gegen Rom wagte und am Ende des Jüdischen Krieges Israel in den Untergang trieb, zum Verlust der (zuvor immer noch relativen) Selbständigkeit führte, zur Zerstörung Jerusalems und des Tempels (70 n. Chr.).

Auf diesem Hintergrund wird das Verhalten Josefs als loyal geschildert; er gehört zu denen allen, die sich aufzeichnen lassen, sich nicht von den Zeloten in den Widerstand gegen den Römischen Staat treiben lassen.

War der Anspruch des Kaisers, «Herr» und «Retter» zu sein, für jüdische Ohren schon gotteslästerlich, so konnten die Juden Palästinas im Gefolge der «ersten Aufzeichnung» nun auch die Macht und Gewalt der Soldaten des angeblichen Friedenskaisers erfahren, den ihnen Herodes als den Garanten des Friedens propagiert hatte.

Der eigene Weg der Christen

Die Judenchristen – sie sehen sich zweifellos in Josef repräsentiert – hatten allerdings ebenfalls die Gewaltsamkeiten ihrer jüdischen Volksgenossen vor Augen, die sich gegen den Kaiser auf JHWH als den einzigen Herrn beriefen; und sie kannten die Rachegelüste derer, die den messianischen «Sohn Davids» als den nationalpolitischen Befreier erwarteten, auch wenn sie sich in der Gegenwart etwa dem römischen Joch fügten wie die Pharisäer, die beteten: «Sieh zu Herr, und richte ihnen auf ihren König, den Sohn Davids, / zu der Zeit, die du ausersehen, o Gott, / über Israel, deinen Knecht zu herrschen, / und umgürte ihn mit Stärke, / zu zermalmen ungerechte Fürsten, / zu reinigen Jerusalem von Heidenvölkern …, / mit eisernem Stab zu zerschlagen all ihren Bestand» (Psalmen Salomos 17, 21–24).

Die Judenchristen hatten auch, wie das Johannesevangelium uns wissen lässt, die Verleugnung des Alleinvertretungsanspruchs JHWHs auf das Königtum über Israel durch die Hohenpriester vor Augen; das vierte Evangelium erzählt ja vom Prozess Jesu vor Pilatus: «Es war am Rüsttag des Paschafestes, ungefähr um die sechste Stunde. Pilatus sagte zu den Juden: Da ist euer König! Sie aber schrien: Hinweg, hinweg, kreuzige ihn! Pilatus aber sagte zu ihnen: Euren König soll ich kreuzigen? Die Hohenpriester antworteten: Wir haben keinen König außer dem Kaiser!» (Joh 19,14–15).

Mit dem Ruf «Hinweg, hinweg», der auf die Entfernung allen Sauerteigs aus den Häusern in Israel um diese Stunde vor dem Pesachfest anspielt, wird Jesus als Irrlehrer-Sauerteig gebrandmarkt, während die Hohenpriester die größte Irrlehre äußern: der römische Kaiser sei der König Israels! Solches Paktieren mit dem Staat war den ersten Gemeinden unvorstellbar und blieb auch später eine Grenze, welche die Kirche nicht überschritt. Die Christen gehen einen eigenen Weg, loyal, aber frei. Sie gehen eine Weg der Gewaltlosigkeit, wie Jesus es ihnen in der Bergpredigt vorgeschlagen hatte.

«Gebt Gott zurück, was Gott gehört!»

Jesus von Nazaret hatte sich ja von der zelotischen Bewegung klar distanziert. Am Dienstag in der Karwoche wurde ihm im Jerusalemer Tempelbezirk von einigen Pharisäern und Herodianern – Anhängern des herodianischen Königshauses – im Auftrag des Hohen Rates die Frage vorgelegt, ob es erlaubt sei, dem Kaiser Steuern zu zahlen.

Die Fragesteller in der Erzählung der Evangelien – wir halten uns an den ältesten Bericht in Mk 12,13–17 – beginnen heuchlerisch, Jesus eine Falle zu stellen. Sie sollen Jesus zu einer unbedachten Äußerung verleiten und damit «fangen». Sie reden Jesus mit «Lehrer» und einer ausführlichen *captatio benevolentiae* an: der Lehrer, der als wahrhaftig und unabhängig gilt, nicht Menschen zu Gefallen, sondern auf Wahrheit gegründet den Weg Gottes, den von Gott geforderten Wandel, lehrt, soll sich zu einer Gewissensfrage äußern.

Vom jüdisch religiösen Standpunkt aus wird nach der Erlaubtheit der Zahlung der Kaisersteuer, der Kopf- und Grundsteuer, gefragt, nicht etwa von einem «bürgerlichen» Standpunkt aus nach bürgerlichen Pflichten. Das jüdische Volk war, wie wir schon erfuhren, in der Frage der Kaisersteuer geteilt; die mit den Römern kooperierenden Führer konnten und wollten nicht opponieren, die Zeloten hingegen sahen in der Steuer ein Symbol der Knechtschaft, in der Steuerzahlung an den Kaiser, der sich besonders im Orient als Gott verehren ließ, Götzendienst und Abfall von Gott; sie hatten zur Steuerverweigerung aufgerufen.

Die in der Idee der Theokratie mit den Zeloten verbundenen Pharisäer vertraten unter Berufung auf den Propheten Daniel jedoch die andere Auffassung, dass man bis zur ersehnten und im Gebet erflehten endzeitlichen Erlösung den Fremdherrscher ertragen müsse. Man dürfe Gottes Initiativen nicht vorgreifen: «Gott bestimmt den Wechsel der Zeiten und Fristen; er setzt Könige ab und Könige ein.» (Dan 2,21). «Über die Herrschaft bei den Menschen gebietet der Höchste; er verleiht sie, wem er will» (Dan 4,14). Zweifellos stand Jesus den Pharisäern näher, aber er formuliert eine eigene Antwort.

Die Alternativfrage, die Jesus gestellt wurde, war eine Falle: Entweder würde Jesus Steuerverweigerung und damit politischen Aufruhr oder

Steuerzahlung und damit Götzendienst lehren. Jesus geht nicht in diese Falle; er durchschaut die Heimtücke, die sich an ihrem Wortreichtum verrät. Er antwortet vorwurfsvoll mit der Frage nach dem Grund dieser Prüfung und lässt sich einen Denar zeigen. Er wechselt auf die Ebene «nonverbaler Kommunikation» über und sticht durch «die Tücke des Objekts» die Gegner aus.

Der Denar, von dem die Rede ist, wird eine Silbermünze gewesen sein, die auf der Vorderseite das Brustbild des Kaisers Tiberius mit dem Lorbeerkranz als dem Zeichen göttlicher Würde zeigte; die Umschrift sprach vom «Sohn des göttlichen Augustus». Auf der Rückseite war mitunter die Mutter des Kaisers auf einem Götterthron dargestellt.

Jedenfalls: Der Kaiserkopf auf der Münze in der Hand eines Juden tangiert das Bilderverbot, auch die Inschrift war anstößig. Schließlich können Jesu Gegner nicht umhin festzustellen, dass der von ihnen vorgezeigte Denar Bild und Aufschrift des Kaisers trägt, sich somit als Eigentum des Kaisers zu erkennen gibt.

So fällt es Jesus nicht schwer, anhand der Münze die versucherische Frage so zu entscheiden, dass er mit seinem Wort in keine Falle gerät und dass keine weiteren Versuche mehr unternommen werden, ihn auszufragen. Er braucht nur aus der Natur der Sache zu argumentieren: Des Kaisers Eigentum soll man dem Kaiser zurückgeben. Aber auch, so fügt er hinzu, Gottes Eigentum Gott!

Gottes Eigentum ist der Mensch, der Gottes Bild trägt, ist sein Volk, das er sich zum Eigentum erworben hat.

Loyal – aber frei

Statt einer Theokratie proklamiert Jesus die eschatologische Sammlung Israels: Der Mensch schuldet sein Herz, sich selbst Gott. Allein schon deshalb und noch mehr im Blick auf Gott als den alleinigen Herrn wiegt die zweite Forderung unendlich schwerer als die erste. Jesus hebt die Konkurrenz zwischen Gott und Kaiser insofern auf, als seine Verkündigung nicht auf eine Theokratie in Israel zielt, sondern auf die eschatologische Sammlung des Volkes Gottes durch Umkehr und neue Gerechtigkeit, die Gottes Vergebung entspringt.

Jesus lässt neben Gott keinen zweiten absoluten Wert gelten – und er kann darum der weltlichen Herrschaft ihr relatives Recht zukommen lassen, solange sie Gottes Herrschaft und Gottes Eigentum, den Menschen und das von ihm gesammelte Eigentumsvolk, nicht antastet.

Die Urgemeinde hatte Grund, ihre Loyalität gegenüber der römischen Macht zu betonen, der Jesus durch seine Gegner als politischer Rebell ausgeliefert worden war. Auch sie sah nicht die Steuerfrage, sondern die Frage des Gehorsams gegen Gott als den Testfall des Glaubens an. Sie hielt mit Jesus daran fest, dass niemand zwei Herren dienen kann (Mt 6, 24), und war damit auch für den Konfliktfall gerüstet. Ihre «politische Option» gehörte weder dem Kaiser noch dessen zelotischen Feinden, sondern, wie sie im Weihnachtsevangelium formulierte, Jesus, dem *Kyrios* und *Sotär*, dem Herrn und Heiland, und dessen Friedensbotschaft.

So wenig dieser Herr seine Nachfolger auf ein unpolitisches Leben verpflichtet, so wenig bindet er sie an politische Heilsvorstellungen eines idealen Staates. Er weist ihnen einen eigenständigen Weg der Vergesellschaftung als «Volk Gottes», ein Volk von Steuer zahlenden «Beisassen» und «Fremdlingen» (1 Petr), in dem die dem Staat entrichtete Steuer bzw. das

Einkommen keine «Klassen» begründet, in dem Besitz und Geld vielmehr ganz dem Gedeihen des Volkes und dessen schöpferischer Weltgestaltung dienstbar gemacht werden.

Gewaltlos

Dass der steuerfressende Staat, der seine Untertanen zu Abgaben zwingt, dass der Kaiser als sein Repräsentant nicht der «Heiland» der Welt ist, konnte die Urgemeinde im gespannten politischen Umfeld Judäas tagtäglich erfahren. Ihre Erfahrung ist auch in der nachfolgenden Geschichte bis auf den heutigen Tag nicht widerlegt worden, auch nicht durch so genannte christliche Staaten. Im Gegenteil, aufs Ganze gesehen, haben sich die Verbindungen von Staat und Kirche, Thron und Altar, als verhängnisvoll erwiesen, weil der Unterschied zwischen dem, «was dem Kaiser gehört», und dem, «was Gott gehört», verwischt wurde.

Jesus hatte überdies seine Verkündigung der Gottesherrschaft mit der deutlichen Forderung nach Gewaltlosigkeit verbunden; im Garten Getsemani hatte er den Schwertschläger in die Schranken verwiesen: «Wer zum Schwert

greift, wird durch das Schwert umkommen!»
(Mt 26,52). Das frühe Judenchristentum war
also in den Widerstand gegen zwei Seiten gespannt, den römischen Staat und die jüdischen
Aufständischen; zu Beginn des Jüdischen Krieges sind die judäischen Gemeinden folgerichtig zusammen mit der Jerusalemer Urgemeinde ins Ostjordanland ausgewandert.

Das Weihnachtsevangelium erzählt nun, wie
die Eltern Jesu dem Kaiser geben, was des Kaisers ist, und nach Betlehem ziehen, um sich aufzeichnen zu lassen. Aber, es lässt ebenso bewusst
in der Zeit der Unterdrückung Israels durch den
Fremdherrscher Jesus als den Retter, Herrn und
Friedensfürsten durch Gottes Engel proklamieren. Die Akklamation dieses Friedensfürsten ist
nicht von Soldaten geleistet, sondern von der
himmlischen Heerschar. Und ratifiziert wird sie
durch die Hirten, welche für die glaubenden
Mitglieder der ersten Gemeinden stehen.

Gegen den Kaiser steht das Kind in der Krippe, der gekreuzigte Christus. Und die frühen
Blutzeugen der Kirche werden dem Kaiser auch
den Titel «Imperator» absprechen und ihn Jesus
Christus zusprechen, in dessen Nachfolge sie
eingetreten sind.

Satz 4–6:
Streit um den «Sohn Davids»
(Lk 2,4–5)

4 ⁴*Hinaufstieg aber auch Josef von Galiläa aus der Stadt Nazaret nach Judäa in die Stadt Davids, die Betlehem heißt,*
5 *weil er aus dem Haus und Geschlecht Davids war,*
6 ⁵*um sich aufzeichnen zu lassen mit Maria, der ihm Angetrauten, die schwanger war.*

Von den frühen Christen wird nun auch der national-politischen Auslegung der jüdischen Messiaserwartung eine Bestimmung des CHRISTUS entgegengesetzt, die – zweifellos von Jesus selbst inspiriert – sich aus alttestamentlich-prophetischer Verheißung speist.

War das erste «Reizwort» der Geburtslegende Jesu «aufzeichnen / Aufzeichnung», so ist das zweite der Name «David» in den Wendungen «Stadt Davids» (VV 4.11) und «Haus und Geschlecht Davids» (V 4) und damit auch «Betlehem» (VV 4.15).

In dem Vers im Zentrum der ganzen Komposition, in dem die dem Kaiser bestrittenen

Titel genannt werden, ist auch von der «Stadt Davids» die Rede (V 11).

Betlehem

Die Stadt Davids ist Betlehem. Wie hier David hinter den Herden hervorgeholt wurde, um König in Israel zu sein, so wird aus Betlehem der Messias erwartet. Welchen Weg wird der Messias gehen? Als Konkurrent des Kaisers? In der Spur der Zeloten? Oder als Mitte eines erneuerten, kleinen, aber in seiner Solidarität starken Volkes?

Der Weg nach Betlehem führt über Jerusalem – aber nicht in Jerusalem, sondern in Betlehem setzt gemäß der Verheißung Gott noch einmal neu an:

«Aber du, Betlehem-Efrata, so klein unter den Gauen Judas, aus dir wird einer hervorgehen, der über Israel herrschen soll. Sein Ursprung liegt in ferner Vorzeit, in längst vergangenen Tagen» (Micha 5,1).

Es ist kein Zufall, dass das Zentrum der ganzen Weihnachts-Erzählung ihr 14. Baustein ist; denn die «Vierzehn» ist, wie wir schon beschrieben haben (vgl. S. 21f.), die Zahl Davids.

Jesus, der «erstgeborene Sohn», der «aus dem Haus und Geschlecht Davids» stammt und in Betlehem, «Davids Stadt», geboren wurde, ist als der Messias der wahre «Sohn Davids».

«Sohn Davids»

Der Titel «Sohn Davids» wird in der Frohbotschaft des Engels wohl bewusst gemieden, weil er allzu leicht auf die Fährte national-politisch und zelotisch gefärbter Messias-Sohn-Davids-Erwartung führt. Der Ton ist auf Erwartungen verlagert, die mit Betlehem, der Stadt Davids, und mit dem Haus und Geschlecht Davids verbunden sind und damit an prophetische Verheißungen erinnern, die eine Auslegung des Christus, des Retters und Herrn, als des wahren Friedensfürsten vorschlagen.

Jesus selbst hat später, am Dienstag vor seinem Tod, in Jerusalem zur Sohn-Davids-Messianologie Stellung genommen:

«Als Jesus im Tempel lehrte, sagte er: ‹Wie können die Schriftgelehrten behaupten, der Messias sei der Sohn Davids? Denn David hat, vom Heiligen Geist erfüllt, selbst gesagt: Der

Herr sprach zu meinem Herrn: ‹Setze dich mir zur Rechten, und ich lege dir deine Feinde unter die Füße.› David selbst also nennt ihn Herr. Wie kann er dann Davids Sohn sein?›» (Mk 12,35–37a).

Zunächst geht Jesus gegen die zeitgenössische Vorstellung vom politischen Messiaskönig, dem «Sohn Davids» an. Und Jesus argumentiert schriftgemäß mit Psalm 110, einem David zugeschriebenen Psalm, in dem dieser, vom Heiligen Geist inspiriert, den Messias seinen Herrn nennt.

Wer ist dann aber für Jesus der Messias? Zweifellos setzt Jesus – wie manche andere seiner Worte belegen – voraus, dass den Platz zur Rechten Gottes «der Menschensohn» einnimmt, wie es auch in einem weiteren Psalm gesagt ist: «Deine Hand schütze den Mann zu deiner Rechten, / den Menschensohn, den du für dich groß und stark gemacht hast» (Ps 80,18). Und dass es der Menschensohn ist, dem Gott alles unter die Füße gelegt hat, ließ sich schließlich einem dritten Psalm entnehmen: «Was ist der Mensch, dass du an ihn denkst, / der Menschensohn, dass du seiner dich annimmst? / Du hast ihn nur wenig geringer gemacht als Gott, / hast ihn mit Herrlichkeit und Ehre gekrönt. / Du hast ihn als Herrscher eingesetzt über das Werk deiner Hände, / hast ihm alles zu Füßen gelegt» (Ps 8,5–7).

Im Targum (der frühjüdischen freien Übersetzung) zu Psalm 8 ist der Menschensohn auch messianisch individualisiert; Jesu Auslegung bedient sich also ganz der jüdischen Tradition des Wahrnehmens und Deutens von Stichwortverbindungen. Er überbietet die gängige Sohn-Davids-Messianologie durch die Menschensohnchristologie, die für ihn ja dann zentral geworden ist, gerade auch in den Aussagen über den leidenden Menschensohn. Ihn hat man später immer neu im «Krippenkind» schon angedeutet gesehen.

Wenn Jesus – wie vom blinden Bartimäus bei Jericho – als «Sohn Davids» angerufen wird (Mk 10, 47-48), ist kein national-politischer Klang mitzuhören, sondern eine ganz andere Tradition: die vom aufgrund seiner Weisheit heilkundigen Salomo, einem Typus des «Sohnes Davids». Jesus, der mit seinen Jüngern auf dem Weg nach Jerusalem am Sabbat in Jericho Station gemacht hatte, war dem blinden Bettler als Krankenheiler bekannt geworden.

Satz 7–9:
Das Krippenkind
(Lk 2,6–7)

7 ⁶*Es geschah aber, während sie dort waren: Erfüllt wurden die Tage, dass sie gebären sollte.*

8 ⁷*Und sie gebar ihren Sohn, den Erstgeborenen.*

9 *Und sie wickelte ihn und bettete ihn in einer Krippe (weil sie keinen Platz hatten in der Unterkunft).*

Nachdem die Geburtslegende die Eltern Jesu – Maria ist in der ursprünglichen Erzählung nicht die schwangere «Verlobte» des Josef (mit der er skandalöserweise unterwegs wäre), sondern die ihm «Angetraute» (V 5) – nach Betlehem geführt hat, wird von der verborgenen Geburt des Messias «aus Davids Haus und Geschlecht» in «Davids Stadt» erzählt.

Vermutlich steht hier, wie Martin Hengel (ThWb IX, 56) aufgewiesen hat, im Hintergrund «ein judenchristlicher legendärer Midrasch, entfernt vergleichbar mit den Erzählungen von der verborgenen Geburt des Messias in Betlehem oder der geheimen Geburt Abrahams in einer Höhle». In den jüdischen Legenden bekleidet Abrahams Mutter den Sohn nach der Geburt mit einem Stück ihres eigenen Gewandes, die Mutter des Messias erhält Leinenzeug für ihren Sohn. Das Wickelkind in der Krippe wird in Jesu Geburtslegende zum messianischen «Zeichen».

Das «messianische Zeichen»

Es gibt gute Gründe, bei der Schilderung der Wickelung des Neugeborenen als Kontrast Ez 16,4–6 mitzuhören. Dort heißt es von Israel: «Wie war es denn bei deiner Geburt? Als du geboren wurdest, hat man deine Nabelschnur nicht abgeschnitten. Man hat dich nicht mit Wasser abgewaschen, nicht mit Salz eingerieben, nicht in Windeln gewickelt. Nichts von all dem hat man getan, niemand zeigte dir seine Liebe, niemand hatte Mitleid mit dir, sondern am Tag deiner Geburt hat man dich auf freiem Feld ausgesetzt, weil man dich nicht haben wollte. Da kam ich an dir vorüber, sah dich blutig daliegen und zappeln; und ich sagte zu dir, als du blutverschmiert da lagst: Bleib am Leben!»

Die Krippe

Israel überlebte, weil Gott sich seiner erbarmte. Bei Jesus ist es anders. Das Kind wird von seiner Mutter angenommen und in Windeln gewickelt. «Der messianische Erlöser ist bei den Menschen, die Gott zu seinem Empfang erwählt und berufen hat, willkommen» (P. Stuhlmacher).

In der vorlukanischen Erzählung diente die Krippe – man stellte sich wohl einen Trog aus Holz oder Stein vor – vor allem als «Zeichen». Lukas malt die Szene ein wenig aus, indem er eine Begründung angibt: weil kein anderer geeigneter Platz in der Unterkunft, die Josef und Maria gefunden hatten, zur Verfügung stand. Mit der Unterkunft (griechisch: *katalyma*), von der Lukas schreibt, ist keine Karawanserei gemeint wie im Gleichnis vom barmherzigen Samariter (Lk 10,34).

Die Angabe lässt der Phantasie Spielraum: Man kann sich die Krippe in einem einfachen Haus denken, wo in Palästina damals häufig Menschen und Tiere unter einem Dach lebten. Man kann sich auch ein eigenes Gemach vorstellen, in das sich Maria für die Geburt ihres Sohnes zurückzog.

Die Tradition von einer Geburtsgrotte in Betlehem ist ziemlich alt. Schon in der Mitte des 2. Jahrhunderts schrieb der aus Samarien stammende Philosoph und Märtyrer Justin: «Damals aber, als der Knabe in Betlehem geboren wurde, nahm Josef, da er in jenem Dorfe nirgends Unterkunft finden konnte, in einer Höhle in der Nähe des Dorfes Quartier» (Dialog mit dem Juden Tryphon 78,4).

Jedenfalls – und darauf kommt es der Erzählung wohl vor allem an – ist der Kontrast zu einer Geburt im Kaiserpalast drastisch markiert. Der erwachsene Jesus wird später im Blick auf Johannes den Täufer ähnlich argumentieren: «Was habt ihr denn sehen wollen, als ihr in die Wüste hinausgegangen seid? Ein Schilfrohr, das im Winde schwankt? Oder was habt ihr sehen wollen, als ihr hinausgegangen seid? Einen Mann mit feiner Kleidung? Leute, die fein gekleidet sind, findet man in den Palästen der Könige!» (Mt 11,7–8).

Es ist möglich, dass Jesus mit dem «Schilfrohr» auf seinen Landesfürsten Herodes Antipas anspielte; dieser hatte nach der Gründung seiner neuen Residenzstadt Tiberias im Jahre 19/20 n. Chr. Münzen mit einem Schilfrohr prägen lassen.

Der «Erstgeborene»

Das neugeborene Kind wird ausdrücklich der «Erstgeborene» genannt. Im Horizont biblischen Denkens und Sprechens ist damit nicht nur das erste männliche Kind im Blick, sondern – vor allem in der Rede von Gottes «Erstgeborenem» – auch dessen einmalige Beziehung zu Gott. Das Stichwort «Erstgeborener» (griechisch: *prototokos*) erinnert zunächst an wichtige Stellen der Heiligen Schrift Israels, die das Gottesvolk und seinen Messias im Blick haben: »Der Herr sprach zu Mose: Sag zum Pharao: So spricht JHWH: Israel ist mein erstgeborener Sohn. Ich sage dir: Lass meinen Sohn ziehen, damit er mich verehren kann!» (Ex 4,21–23).

Vom erhofften Messias heißt es: «Er wird zu mir rufen: Mein Vater bist du, mein Gott, der Fels meines Heiles. Ich mache ihn zum erstgeborenen Sohn, zum Höchsten unter den Herrschern der Erde» (Ps 89,27–28).

Der erstgeborene Sohn ist – in seiner messianischen Bedeutung verstanden – der von Gott erwählte und geliebte Sohn. In den frühjüdischen «Psalmen Salomos» und im 4. Esrabuch kommt das besonders deutlich zum Ausdruck in der Gleichsetzung von Erstgeborener = Einziger = Auserwählter = Geliebter: «Er wird den Gerechten ermahnen wie einen geliebten Sohn, / und seine Züchtigung ist wie die eines Erstgeborenen» (Psalmen Salomos 13,9). «Nun aber, Herr, siehe, wie jene Völker, die für nichts erachtet wurden, uns beherrschen und uns zertreten. Wir jedoch, dein Volk, das du deinen Erstgeborenen, Einzigen, Auserwählten, Liebling genannt hast, sind ihren Händen ausgeliefert» (4 Esra 6,57–58).

«Der Erstgeborene der ganzen Schöpfung»

Im Konzert der neutestamentlichen Stimmen wird Jesus so oft als der «Erstgeborene» gepriesen, dass sich auch der Vers aus dem Weihnachtsevangelium nicht entziehen kann, hier mitzuschwingen; im Hymnus des Kolosserbriefs heißt es von Jesus Christus, dem «geliebten Sohn» (Kol 1,3): «Er ist das Ebenbild des unsichtbaren Gottes, der Erstgeborene der ganzen Schöpfung ... Er ist der Ursprung, der Erstgeborene der Toten; so hat er in allem den Vorrang» (Kol 1,15.18).

Auch die Offenbarung des Johannes (1,5) nennt ihn: «der Erstgeborene der Toten». Im Römerbrief nennt Paulus Jesus Christus «den Erstgeborenen von vielen Brüdern», die von Gott im voraus dazu bestimmt wurden, «an Wesen und Gestalt seines Sohnes teilzuhaben» (Röm 8,29). Schließlich spricht auch der Hebräerbrief vom «Erstgeborenen» in einer Kritik einer unzureichenden Engelchristologie, als sei Jesus im Rang eines Engels zu orten: «Er ist um so viel erhabener geworden als die Engel, wie der Name [HERR], den er geerbt hat, ihren Namen überragt. Denn zu welchem Engel hat er jemals gesagt: Mein Sohn bist Du, heute habe ich dich gezeugt (Ps 2,7), und weiter: Ich will für ihn Vater sein, und er wird für mich Sohn sein (2 Sam 7,14)? Wenn er aber den Erstgeborenen wieder in die Welt einführt, sagt er: Alle Engel Gottes sollen sich vor ihm niederwerfen (Dtn 32,43 G)» (Hebr 1,4–6).

Im Weihnachtsevangelium gilt: Der Erstgeborene Gottes, Jesus, bringt den wahren Frieden, – nicht der Höchste unter den Herrschern der Erde, Kaiser Augustus.

Satz 10–12:
Die Hirten,
das messianische Gefolge
(Lk 2,8–10a)

10 ⁸*Und Hirten waren in derselben Gegend im Freien und hielten Nachtwache bei ihrer Herde.*
11 ⁹*Und ein Engel des Herrn trat zu ihnen und die Herrlichkeit des Herrn umstrahlte sie.*
12 *Und sie fürchteten sich in großer Furcht;* ¹⁰*doch es sprach zu ihnen der Engel:*

Im Mittelstück der ganzen Erzählung werden die «Hirten» eingeführt, nicht als Vertreter der outcasts, sondern als Repräsentanten des davidisch-messianischen Milieus; das Hirtenvolk empfängt die Botschaft von der Geburt des messianischen Hirten auf dem Hirtenfeld um Betlehem, auf dem schon David seine Schafe weidete.

Das «Hirtenmilieu»

Der «Sohn Davids», so lautete eine Erwartung, kommt wie David selbst aus dem Hirtenmilieu. Von David lesen wir in den Psalmen: «Und

JHWH erwählte seinen Knecht David; / er holte ihn weg von den Hürden der Schafe, von den Muttertieren nahm er ihn fort, / damit er sein Volk Jakob weide und sein Erbe Israel. / Er sorgte als Hirt für sie mit lauterem Herzen / und führte sie mit klugen Händen» (Ps 78,70–72).

In einer anderen messianisch gedeuteten Psalm-Stelle heißt es: «Er wird zu mir rufen: / Mein Vater bist du, mein Gott, der Fels meines Heils. / Ich mache ihn zum erstgeborenen Sohn, / zum Höchsten unter den Herrschern der Erde. / Auf ewig werde ich ihm meine Huld bewahren, / mein Bund mit ihm bleibt allezeit bestehen. / Sein Geschlecht lasse ich dauern für immer / und seinen Thron, solange der Himmel währt» (Ps 89, 27–30).

«In derselben Gegend»

Dass die Hirten «in derselben Gegend», also in der Nähe Betlehems, im Freien ihre Herden hüten, soll wohl auch an die Tradition vom «Herdenturm» erinnern, von dem der Prophet Micha (4,8) sprach und der in frühjüdischer Überlieferung bei Betlehem lokalisiert wurde, verbunden mit der Erwartung, von hier aus werde der Messias offenbar werden. Damit rückt, zumal angesichts der Geburt Jesu in Betlehem, in Davids Stadt, die so betont ist, die Verheißung des Propheten Micha in den Blick: «Aber du, Betlehem-Efrata, so klein unter den Gauen Judas, aus dir wird einer hervorgehen, der über Israel herrschen soll. Sein Ursprung liegt in ferner Vorzeit, in längst vergangenen Tagen. Darum gibt der Herr sie preis, bis die Gebärende einen Sohn geboren hat. Dann wird der Rest seiner Brüder heimkehren zu den Söhnen Israels. Er wird auftreten und ihr Hirt sein in der Kraft des Herrn, im hohen Namen JHWHs, seines Gottes. Sie werden in Sicherheit leben, denn nun reicht seine Macht bis an die Grenzen der Erde. Und er wird der FRIEDE sein» (Micha 5,1–4a).

Da Israel preisgegeben ist an die Herrschaft des Kaisers, der die «erste Aufzeichnung» vornehmen lässt, hat in Betlehem «die Gebärende einen Sohn geboren», einen neuen «Hirten», der den Frieden bringt.

Der Messias kommt aus Betlehem

Im Matthäusevangelium wird in der Magiergeschichte der Prophet Micha ausdrücklich von den vom König Herodes versammelten Hohenpriestern und Schriftgelehrten zitiert, welche die Frage beantworten sollen, «wo der Messias geboren werden solle»: «Sie antworteten ihm: In Betlehem im Gebiet von Juda; denn so steht es geschrieben bei dem Propheten» (Mt 2,4–5).

Im Johannesevangelium wird in einer Auseinandersetzung unter Jesu jüdischen Zeitgenossen gegen seine Messianität eingewandt, dass er doch nicht aus Betlehem komme, sondern aus dem unbedeutenden Nest Nazaret: «Einige aus dem Volk sagten, als sie Jesu Worte hörten: Er ist wahrhaftig der Prophet. Andere sagten: Er ist der Messias. Wieder andere sagten: Kommt denn der Messias aus Galiläa? Sagt nicht die Schrift: Der Messias kommt aus dem Geschlecht Davids und dem Dorf Betlehem, wo David lebte?» (Joh 7,40–42).

Dass der Messias den Frieden bringen werde, ist, was wichtig ist, eine Hoffnung, die nicht nur der Prophet Micha formuliert hat.

Der demütige Friedenskönig

Auch von dem vom Propheten Sacharja angekündigten gerechten und demütig auf dem

Esel reitenden Messias – schon ein Gegenbild gegen den Welteroberer Alexander den Großen, der auf seinem Streitross Bukephalos in Jerusalem einritt, damit auch Gegenbild gegen dessen «Nachfolger» Augustus – heißt es: «Er verkündet für die Völker den Frieden; seine Herrschaft reicht von Meer zu Meer und vom Eufrat bis an die Enden der Erde» (Sach 9,10).

Zu dieser Verheißung gesellen sich die Ankündigungen in den Psalmen: «Dann tragen die Berge Frieden für das Volk / und die Höhen Gerechtigkeit. / Er wird Recht verschaffen den Gebeugten im Volk. / Hilfe bringen den Kindern der Armen, / er wird die Unterdrücker zermalmen» (Ps 72,3–4).

In der Mitte des Weihnachtsevangeliums wird nun die Geburt dieses Friedensbringers, der aus Betlehem kommt, vom Engel des Herrn verkündigt. Die Empfänger der Botschaft geraten angesichts des Boten Gottes und damit der spürbar aufstrahlenden Wucht der Herrlichkeit JHWHs in «große Furcht», die – wie in vielen Epiphanieszenen – als «Todesfurcht» zu deuten ist, gemäß dem Wort: Wer Gott sieht, muss sterben! Das «Fürchtet euch nicht!» des Engels spricht ihnen das Leben zu und macht sie hörbereit.

Satz 13–15:
Jesus von Nazaret,
der Messias, der Retter und Herr
(Lk 2,10b–12)

13 «*Fürchtet euch nicht! Denn siehe,
ich frohbotschafte euch große Freude,
welche zukommen wird dem ganzen Volk.*
14 [11]*Denn geboren wurde euch heute ein
RETTER, der ist CHRISTUS, HERR, in
Davids Stadt.*
15 [12]*Und dies sei euch das Zeichen:
Finden werdet ihr ein Neugeborenes,
gewickelt und in einer Krippe liegend.*»

Die Offenbarung des Messias, der in Davids Stadt verborgen geboren wurde, ist in das Zentrum der Geburtslegende Jesu gestellt; die Verkündigung seiner Geburt in der Stunde der Not (der Zeit der «ersten Aufzeichnung») geschieht durch Gottes Boten, den «Engel des Herrn».

Der Friedensfürst

Die Engelsbotschaft gehört zur Gattung der «Geburtsverkündigung», wie sie in Jes 9 vorliegt; diese Gattung ist durch die Königsrituale beeinflusst und hier mit Elementen der «Geburtsankündigung des Retters» verschmolzen; nicht nur die Gattung, sondern auch direkte Bezugnahmen (mit den Stichworten «Gegend-Land», «strahlen», «Volk» und vor allem «große Freude») machen sicher, dass zur Engelverkündigung die Ankündigung des Propheten Jesaja mitgehört werden soll:

«Das Volk, das im Dunkel lebt, sieht ein helles Licht; über denen, die im Land der Finsternis wohnen, leuchtet ein Licht auf. Du erregst lauten Jubel und schenkst große Freude. Man freut sich deiner Nähe, wie man sich freut bei der Ernte, wie man jubelt, wenn die Beute verteilt wird. Denn wie am Tag von Midian zerbrichst du das drückende Joch, das Tragholz auf unserer Schulter und den Stock des Treibers. Jeder Stiefel, der dröhnend daherstampft, jeder Mantel, der mit Blut befleckt ist, wird verbrannt, wird ein Fraß des Feuers. Denn uns wird ein Kind geboren, ein Sohn wird uns geschenkt. Die Herrschaft liegt auf seiner Schulter, und man nennt ihn: wunderbarer Ratgeber, starker Gott, Vater in Ewigkeit und Friedensfürst. Seine Herrschaft ist groß, und der Friede hat kein Ende. Auf dem

Thron Davids herrscht er über sein Reich; er festigt und stützt es durch Recht und Gerechtigkeit, jetzt und für alle Zeiten. Das vollbringt der Eifer des Herrn der Heere» (Jes 9,1–6).

Der Friedensfürst wird kein Herrscher sein, der mit seinen Soldaten, seinen Kohorten und Legionen, den Frieden durch Unterdrückung und Abschreckung aufrecht erhält, aber auch nicht der Freiheitsheld an der Spitze von Aufständischen, Partisanen, zelotischen Bandenkriegern. Im Gegenteil, Soldatenstiefel und Soldatenmäntel, Fraß des Feuers, zählen nicht mehr; was zählt ist das helle Licht der Wahrheit, des Rechts und der Gerechtigkeit, das in den messianischen Gemeinden als «Licht der Welt» leuchten soll.

Große Freude, die allem Volk widerfahren wird

Claus Westermann (in: FS K. G. Kuhn, Göttingen 1971) hat bemerkt: «Für das Verständnis von Lk 2,9–12 ist wichtig, dass in den messianischen Verheißungen der Heilskönig niemals, in keinem der Texte, durch eine Kriegstat, etwa durch die Unterwerfung der Feinde des Gottesvolkes, zur Herrschaft gelangt; immer wird der Heilskönig durch seine Geburt zum König, er wird als Heilskönig geboren. So ist es auch in Jes 9,1–6. Das ist aber nicht so zu verstehen, als sei die Geburt als solche schon die Rettung, als vollziehe sich die Rettung mit der Geburt des Heilskönigs; erst mit seinem Herrschaftsantritt wird die Heilszeit heraufgeführt (9,6). Dementsprechend ist auch in Lk 2 das Eintreten des in der Freudenbotschaft Angekündigten ein zukünftiges Ereignis: ‹große Freude, die allem Volke widerfahren wird›.»

Sie wird allem Volk widerfahren, das den Umkehrruf Jesu und seine Proklamation der Nähe der Gottesherrschaft nicht zurückweist und den Gekreuzigten als den wahren Herrn anerkennt.

Der Retter

Der Heilskönig, dessen Geburt der Engel Gottes vor den Hirten auf Betlehems Fluren verkündigt, ist RETTER *(Sotär)*, dessen Herrschaftsantritt mit seiner Kreuzigung und Auferweckung beginnt; er ist HERR *(Kyrios)*, der Gottes Herrschaft ausruft und als der Gekreuzigte und Erhöhte repräsentiert.

RETTER ist hier nicht in der Tradition der hellenistischen Herrscherideologie zu hören, der Titel ist im unmittelbaren Kontext der judenchristlichen Erzählung zunächst aus seinen alttestamentlichen und jüdischen Voraussetzungen heraus zu verstehen, er ist aber im weiteren Kontext der Gesamtkomposition ebenfalls auf den vom Kaiser gebrauchten Titel hin transparent.

Die messianischen Erwartungen in Israel wurden gerne mit den Vorbildern der Richterzeit verknüpft: «Als sie zum Herrn um Hilfe schrien, schickte er den Israeliten einen RETTER, der sie befreite» (Ri 3,9).

In der Septuaginta wird in der griechischen Übersetzung von 1 Sam 10,1 auch König Saul RETTER genannt; und schließlich kündigt in der Mosesüberlieferung des frühen Judentums auch dessen Schwester, die Prophetin Mirjam, ihren Bruder als RETTER an.

Der *Sotär* Jesus von Nazaret ist kein selbsternannter oder durch die Akklamation von unterworfenen Untertanen ernannter RETTER; Gott, der selbst der RETTER schlechthin ist, hat ihn durch seinen Boten ankündigen lassen, er hat ihn gesandt. Und die christlichen Gemeinden erwarten seine Wiederkunft: «Unsere Heimat aber ist im Himmel. Von dorther erwarten wir auch Jesus, den Messias, den Herrn, als RETTER» (Phil 3,20).

Der Herr

Auch der Titel HERR *(Kyrios)* ist nicht den hellenistischen Herrscherideologien entnommen, sondern gegen sie gesetzt. Der Titel gebührt Gott allein – und er hat ihn Jesus verliehen, der gehorsam wurde bis zum Tod und dem deshalb der Name über allen Namen verliehen wurde, wie Paulus mit einem älteren urchristlichen Lied überliefert, das damit schließt, dass jeder Mund bekennen soll: «Jesus Christus ist der HERR zur Ehre Gottes des Vaters» (Phil 2, 11).

Retter und Herr

Die Verkündigung Jesu als des RETTERS findet im Neuen Testament noch ein vielfaches Echo: «Er ist wirklich der RETTER der Welt» (Joh 4,4); – «Ihn hat Gott als Herrscher und RETTER an seine rechte Seite erhoben» (Apg 5,31); – Gott hat dem Volk Israel «Jesus als

RETTER geschickt» (Apg 13,23); – «Christus ist das Haupt der Kirche; er ist der RETTER des Leibes» (Eph 5,23); – 2 Petr 1,1 spricht von der «Gerechtigkeit unseres Gottes und RETTERS Jesus Christus» und in 2 Petr 3,2.18 ist gleich dreimal vom «HERRN und RETTER Jesus Christus» die Rede. Für die christlichen Gemeinden im ersten Jahrhundert war klar, wer der *Sotär*, der RETTER ist.

Gegen die «politischen Theologien»

Jesu Geburtslegende wendet sich auch indirekt, aber deutlich genug gegen die «politische Theologie», die Ideologie der kaiserlichen Staatsräson und seiner Gesellschaftsordnung, die sich mit der Politik der römischen Kaiser verbindet, wie gegen diejenige, die der jüdisch-theokratische Nationalismus und Zelotismus vertritt. Die Geburtslegende Jesu raubt dem Kaiser den Nimbus des Friedensheilands durch die Erinnerung an die «Aufzeichnung», die Unterdrückung bedeutete und kriegerischen Aufstand provozierte; der jüdisch-nationalen Erwartung, die noch nach dem messianischen Befreier Ausschau hält, setzt sie die Botschaft von dem Friedens-Christus entgegen, der dem «ganzen Volk» schon die frohe Botschaft von der Herrschaft Gottes gebracht und der als erhöhter Herr sein Friedensregiment schon begonnen hat.

Der Begriff der «politischen Theologie» wurde in der Übersetzung des Begriffs «*theologia civilis*» geprägt, den der römische Schriftsteller Marcus Terentius Varro (116–27 v. Chr.) in einer Unterscheidung von der «mythischen Theologie» und der «natürlichen Theologie» gebraucht hatte. Die «politische Theologie» war eine den Kaiserkult legitimierende bürgerliche Ideologie. Varro war von Caesar 47 v. Chr. zum Reichsbibliothekar ernannt worden und dann Hoftheologe im Sinne einer «theologia civilis» geworden, die maßgebend wurde beim Entwurf des Bildes eines *Divus Augustus*, eines göttlichen Augustus.

Für die christlichen Gemeinden ist klar, dass der kriegerische, ungerechte Staat des Cäsar Augustus kein Segens- und Heilbringer sein kann. Für sie zählte auch keine politische Theologie, sondern allein die heilgeschichtliche Theologie des Volkes Gottes, das bald ein Volk aus Juden und ehemaligen Heiden sein sollte.

Satz 16–18:
Auf Erden Friede
(Lk 2,13–14)

16 ¹³*Und plötzlich ward mit dem Engel eine Menge himmlischen Heeres;*
14 *die lobten Gott und sagten:*
18 ¹⁴*»Herrlichkeit in den Höhen Gott und auf Erden Friede unter den Menschen des Wohlgefallens!«*

Das Weihnachtsevangelium, das nicht im Kaiser Augustus den Retter und Herrn erkennt, sondern in Jesus von Nazaret, macht klar, dass der Friede auf Erden nicht dort erwartet werden kann, wo Menschen von Menschen göttliche Ehre dargebracht wird, oder dort, wo der Mensch für Gott (und auch so letztlich für sich selbst) die Ehre erzwingen zu müssen glaubt. Der Friede kommt den Menschen «des (göttlichen) Wohlgefallens» zu, seines Erbarmens, das auf sein Volk ausgegossen ist. Was ist gemeint? Die Menschen des göttlichen Wohlgefallens, diejenigen auf denen Gottes Huld und sein Friede ruht, sind die, die Gott allein die Ehre geben, indem sie sich zum *Sotär* und

Kyrios, dem Christus Jesus bekennen. Was tun sie, wenn sie sich zu ihm bekennen, und welche Praxis entspricht diesem Bekenntnis?

Eine Friedensalternative

Das Bekenntnis zu Jesus ist das Bekenntnis zu einem «Frieden», der von Gott geschenkt ist, dessen Bedingungen der Mensch nicht macht oder herstellt, die er vielmehr akzeptiert in Umkehr und Glaube. Jesus als «Friedensfürsten» akzeptieren, heißt anzunehmen, dass der wahre – freilich nicht bloß ein innerlicher, sondern auch der wahre soziale und politische – Friede nicht von den politischen Möglichkeiten und Unmöglichkeiten des «Machers» Mensch abhängt; es heißt akzeptieren, dass der Mensch weder als Gott-Kaiser noch als Zelot mit Gott konkurrieren darf oder muss, sondern dass er sich im Vertrauen auf Gottes Handeln ohne jegliche Rivalität in der Gemeinde Jesu vergesellschaften kann und in ihr der Welt einen Ort des Friedens anbieten darf.

Die frühe Christenheit hat die Verpflichtung des Weihnachtsevangeliums, die zugleich Verpflichtung auf das ganze Evangelium ist, ernst genommen und die Christen haben z. B., indem sie anfangs den Kriegsdienst verweigert haben, ein Zeichen dafür aufgerichtet, dass sie sich in der Sorge um den wirklichen, den irdischen Frieden von niemanden übertreffen lassen wollten. «Die Kraft beispielhaft gelebter Bruderschaft bedeutete für den Erfolg ihrer Mission nicht weniger als das verkündigte Wort» (Walter Schmithals). In ihren Gemeinden haben die Christen eine Sozialstruktur zu verwirklichen gesucht, die sich nicht am Herrschaftsgefüge der Welt orientierte. Jesus hatte ihnen ja auch gesagt: «Bei euch soll es nicht so sein!» (Mk 10,43).

Schalom

Das hebräische Wort *schalom* hat einen viel weiteren Bedeutungsumfang als das deutsche Wort «Friede», das freilich von seiner etymologischen Herkunft her auch breiter angelegt ist (mit den mitschwingenden Nuancen von Freiheit und Liebe). «Schalom» zielt auf das Ganz- und Heilsein der Gemeinschaft des Volkes Gottes und durch sie vermittelt dann auch der Völkergemeinschaft – und selbstverständlich dann auch der einzelnen Person, bei der «Schalom» auch befriedetes Vergnügtsein meinen kann.

«Schalom» kann die Wohlfahrt einer Stadt, die unverbrüchliche Solidarität einer Gemeinschaft oder einer Freundschaftsbeziehung im Auge haben, ebenso das Wohlergehen und die Gesundheit Einzelner. «Schalom» zielt im gesellschaftlichen Bereich vor allem auf soziale Gerechtigkeit und darin die Befriedung der Gesellschaft, darüber hinaus auch im Bereich der Natur auf Gedeihen und Fruchtbarkeit.

Einer zerrütteten Gesellschaft entzieht Gott seinen «Schalom», weiß der Prophet Jeremia: «Ja, so sprach der Herr: Betritt kein Trauerhaus, geh nicht zur Totenklage und bezeige niemandem Beileid! Denn ich habe diesem Volk meinen Schalom entzogen – Wort des Herrn –, die Güte und das Erbarmen» (Jer 16,5).

Wenn Gott dem Volk den «Schalom» entzieht, hilft auch alles Beschwören des «Schalom» nichts mehr, es wird zur Lüge; auch darum weiß Jeremia: «Den Schaden der Tochter meines Volkes möchten sie leichthin heilen, indem sie rufen: ‹Schalom, Schalom!› Aber kein Schalom ist da» (Jer 8,11).

Ähnlich sieht es der Prophet Ezechiel, der über die falschen Propheten sagt: «Denn sie führen mein Volk in die Irre. Sie verheißen Schalom, wo es keinen Schalom gibt, und wenn das Volk eine Mauer aufschichtet, dann verputzen sie sie. Sag denen, die sie verputzen: Sie wird trotzdem einstürzen» (Ez 13,10).

Wahrheit und Friede

In solchen Worten ist der Zusammenhang von Wahrheit und Friede deutlich angesprochen. Er ist auch dort gegeben, wo der «Schalom», der zunächst nicht auf den Gegensatz zum Krieg bezogen war, zu dessen Gegensatz wurde. Der Prophet Micha hat auch ein entsprechendes Wort gegen die falschen Propheten überliefert: «So spricht der Herr gegen die Propheten: Sie verführen mein Volk. Haben sie etwas zu beißen, dann rufen sie: ‹Schalom!› Wer aber ihnen nichts in den Mund steckt, dem sagen sie den Krieg an» (Micha 3,5).

Nach der Epoche der Staatlichkeit des Volkes Gottes und dem Zusammenbruch der Staaten des Nordreiches Israel und des Südreiches Juda wird die Vorstellung vom «Schalom» entscheidend gereinigt: Gott allein kann den Frieden schenken, unabhängig von politischer Macht, nicht nur für sein Volk, sondern – von diesem ausgehend – auch für die Völker der Welt: «Wie ist der Freudenbote willkommen, der durch das Bergland eilt, der den Schalom ankündigt, der gute Nachricht bringt und die Rettung verheißt, der zu Zion sagt: Dein Gott ist König!» (Jes 52,7).

«Ich will mein Volk heilen und führen und trösten, damit die Trauernden mich wieder preisen. Schalom den Fernen und Schalom den Nahen, spricht der Herr, ja, ich werde sie heilen» (Jes 57,18–19).

Erkennbar wird hier auch: Die erste Voraussetzung für die Ermöglichung von Frieden ist die, dass «Herrlichkeit in den Höhen» Gott gezollt wird. «Herrlichkeit», *kabod*, ist das «Gewicht» Gottes, das anerkannt werden soll, seine überragende, alles grundlegende Macht, sein Machtglanz. Die «Höhen» sind jenseits aller weltbildlichen Vorstellungen sein «Ort».

Versöhnungsbereitschaft und Friede

Das Neue Testament bestärkt ganz die alttestamentliche Sicht des *schalom*. Die Gemeinden preisen den «Gott des Friedens» (Röm 15,33), der durch den Messias Jesus, der «unser Friede» ist (Eph 2, 14), Frieden gestiftet hat und in der Ausbreitung der Gemeinden ein Friedensnetz um die Völkerwelt legen wollte. Jesus hatte seinen Nachfolgern den Zusammenhang von Wahrheit und Frieden verpflichtend nahe gebracht – und dessen Vernachlässigung in der Kirche durch Duldung von Unversöhnlichkeit ist ein dauerndes Friedenshindernis: «Wenn du deine Opfergabe zum Altar bringst und dir dabei einfällt, dass dein Bruder etwas gegen dich hat, so lass deine Gabe dort vor dem Altar liegen; geh und versöhne dich zuerst mit deinem Bruder, dann komm und opfere deine Gabe» (Mt 5,23–24). Die Versöhnungsbereitschaft auf Seiten der Glaubenden, die Gott mit sich versöhnt hat, ist eine ganz entscheidende Voraussetzung des Friedens. Sie hat auch mit der Wahrheit der Existenz der Glaubenden zu tun.

Die versöhnungsbereit dem Frieden Dienenden, die von Jesus später selig gepriesenen

«Friedensstifter, die Söhne Gottes genannt werden» (Mt 5,9), sind die «Menschen des göttlichen Wohlgefallens». Durch die Entdeckung der Texte von Qumran ist der ursprüngliche Sinn des Wortes (griechisch: *anthropoi eudokias*) wieder ans Licht gekommen, der sowohl durch die lateinische Übersetzung mit «*homines bonae voluntatis*» (Menschen guten Willens) wie durch Luthers Übertragung mit «den Menschen ein Wohlgefallen» verstellt war. Es geht um die Menschen, die Gott erwählt hat, die Mitglieder Seines Volkes, das ein Friedensvolk sein soll, von Gottes Erbarmen geheiligt, geeinigt und gestärkt – das in den Gemeinden als Friedensorten rund um den Erdball lebt.

Christus ist unser Friede

Das Weihnachtsevangelium feiert den jüdischen Messias Jesus als den wahren Friedensbringer. Und im ganzen Neuen Testament findet seine Botschaft ihr Echo: Petrus erklärt im Haus des Kornelius in Cäsarea am Meer: «Gott hat das Wort den Israeliten gesandt, indem er den Frieden verkündigte durch den Messias Jesus; dieser ist der Herr aller» (Apg 10,36); – ähnlich heißt es in einem Christuslied: «Er stiftete Frieden, er kam und verkündete den Frieden» (Eph 2,15.17); – Gott der den Messias Jesus gesandt hat, der einzige, wahre Gott, ist der «Gott des Friedens» (vgl. Röm 15,33; 16,20; 1 Kor 14,33 u.ö.); der Friede des Messias ist der Friede Gottes (vgl. Phil 4,7; Kol 3,15); – schließlich wird Jesus selbst der «Herr des Friedens» genannt (2 Thess 3,16). Seine Nachfolger sind verpflichtet, «für das Evangelium vom Frieden zu kämpfen» (Eph 6,15).

Das Evangelium vom Frieden ist nicht die mit dem Namen des Kaisers Augustus (oder seiner Nachfolger) verbundene Botschaft, sondern das mit dem gekreuzigten Messias Jesus verbundene Evangelium, der Juden und Heiden «durch das Kreuz mit Gott in einem einzigen Leib» (der Gemeinden der Kirche) versöhnte (Eph 2,16).

Sieht man die Fülle der Friedensaussagen im Neuen Testament, so kann man durchaus vom Entwurf einer *Pax Christiana* sprechen, welche durch den Verbund der Gemeinden in der universalen Kirche verwirklicht werden sollte.

Satz 19–21:
Nach Betlehem eilen
(Lk 2,15–16)

19 ¹⁵*Und es geschah: Als fort gegangen waren von ihnen in den Himmel die Engel, redeten die Hirten zueinander:*
20 *«Lasst uns doch hinübergehen nach Betlehem und sehen dies Ding, das geschehen ist, das der Herr uns kundgetan hat!»*
21 ¹⁶*Und sie gingen eilend und fanden Maria und Josef und das Neugeborene, in der Krippe liegend.*

Im dritten Teil der Weihnachtserzählung kommt, zieht man die «Pragmatik» des Textes – die nach der Wirkung auf die Hörer fragt – in Betracht, die christliche Gemeinde nun auch schon in den Blick. Die Bewegung der Umkehr und des Glaubens wird in der Bewegung der Hirten, die, von der Botschaft des Engels gewiesen, eilends nach Betlehem aufbrechen, symbolisch beschrieben. Wer sich ernsthaft für den Frieden interessiert, der – so ist gesagt – «geht hin, um dies Ding, das geschehen ist, sich anzusehen»; er lässt sich die Friedensbotschaft gesagt sein und akzeptiert das «Zeichen», das «Neugeborene, in einer Krippe liegend».

Die christliche Botschaft vom Frieden wartet nicht mit Sensationen auf, sondern mit dem unscheinbaren Miteinander von Menschen aus allen Nationen in einer unableitbaren konkreten Geschichte. Sie ist auf einen Ort verwiesen, den Ort, an dem der «Friedensfürst» in der Mitte seines Friedensvolkes zu finden ist.

Die Hirten

Lukas hat seine Darstellung auf seine Gemeinden hin durchscheinend gemacht. Die Hirten sind sich einig, sie gehen miteinander nach Betlehem und werden zu Zeugen und dann zu Boten dessen, was sie gesehen, geglaubt und verstanden haben. Waren die Hirten bislang nur stumme Zeugen der himmlischen Offenbarung, so werden sie ab jetzt die handelnden Personen. «Sie sprechen miteinander. Über das, was sich zugetragen hat, gibt es keine Diskussion; ihr Entschluss steht von Anfang an fest: sie wollen hingehen und sich von der Wahrheit der Botschaft überzeugen» (Josef Ernst). Auch

Jesus wird später seine ersten Jünger entsprechend einladen: «Kommt und seht» (Joh 1,39).

Das Wort, das ergangen ist – vom Engel an die Hirten – und das Ding, das geschehen ist – das Kind in der Krippe – stimmen überein; auch hier ist die Wahrheit die Grundlage des Zusammenkommens und dann auch des Friedens.

Wahrnehmung des Kairos

Gemeindebildung wird so geschehen, dass Hörer der Botschaft sich aufmachen, um sie in den Gemeinden selbst bestätigt zu finden: sich vom Frieden, der hier durch Christus, «unseren Frieden», geschenkt ist, zu überzeugen und zum Glauben an IHN als dessen Urheber führen zu lassen, zum Exodus aus der Welt des Unfriedens, die im Neuen Testament auf vielfältige Weise als die frühere Lebensweise der Noch-Nicht-Glaubenden charakterisiert wird.

Die Eile, von der Lukas erzählt, verbindet die Hirten mit Maria, die zu ihrem Besuch bei Elisabet «in eine Stadt im Bergland von Judäa eilte». Vielleicht soll gesagt sein, dass eine von Gott gefügte Konstellation, ein Kairos, unversehens, eilig wahrgenommen werden muss, bevor sich das Zeitfenster wieder schließt.

Der Evangelist Lukas hat den Sachverhalt auch noch in anderen Szenen verdichtet, z. B. bei der Begegnung Jesu mit dem Oberzöllner Zachäus in Jericho: «Als Jesus an die Stelle kam, [wo Zachäus auf dem Maulbeerfeigenbaum saß] blickte er hinauf und sagte zu ihm: Zachäus, steig eilends hinunter, denn heute muss ich in deinem Hause bleiben. Und er stieg eilends hinunter» (Lk 19,5–6). Auch hier geht es um den Kairos des HEUTE.

Satz 22–24:
Alle staunten
(Lk 2,17–19)

22 ¹⁷*Da sie es aber sahen, machten sie kund das Wort, das zu ihnen geredet worden war über dieses Kind.*
23 ¹⁸*Und alle, die es hörten, staunten über das, was von den Hirten zu ihnen geredet wurde.*
24 ¹⁹*Maria aber bewahrte alle diese Worte, sie überdenkend, in ihrem Herzen.*

Die Hirten beglaubigen anhand des ihnen vom Engel gegebenen Zeichens «das Ding, das geschehen ist», nämlich die Geburt des Messias, Retters und Herrn in Betlehem, Davids Stadt.

«Kommt und seht!»

Die Hirten machen die Bedeutung der Geburt Jesu bekannt; sie war ihnen von Gott durch den Engel geoffenbart worden. Staunen und Erwägen im Herzen ist angesichts der Botschaft die (vorläufig) angemessene Reaktion, mehr noch aber der Lobpreis Gottes, dem die Ehre gebührt. Freilich, die Hirten konnten Gott loben und preisen für alles, was sie gehört und gesehen hatten. Und wer später der Einladung Jesu selbst mit seinem «Kommt und seht» in die Nachfolge folgte, konnte dies ebenso; und auch seine nachösterlichen Gemeinden lebten zunächst im Bewusstsein, dass ihr verkündigendes Wort ein ihr Leben erklärendes, ihren Widerstand gegen die «politischen Theologien» erklärendes Wort sein müsse und sein könne.

Die Not der gegenwärtigen Christenheit besteht weithin darin, dass sie die Einladung «Komm und sieh» guten Gewissens nicht mehr zu sprechen vermag, dass sie die Botschaft spiritualisiert und deshalb das Weihnachtsevangelium als «Droge» braucht oder als die Windel, ihre Blöße zu verdecken.

Regina pacis

Einige Grundvollzüge glaubender Existenz sind in diesem Abschnitt genannt. Zunächst das «Hören» und das «Staunen» und dann – vom Maria besonders ausgesagt – das «Bewahren der Worte», das im «Überdenken» (insbesondere mit Hilfe der Schrift Israels) geschieht. Dies führt dann dazu, wie Elisabet es Maria zuspricht: «Selig ist die geglaubt hat, dass sich erfüllt, was der Herr ihr sagen ließ» (Lk 1,45).

Maria hat, wie der Urtext sagt, alles «zusammengefügt»: gegenwärtige Erfahrung mit dem Heilswissen Israels. In der Lauretanischen Litanei wird sie genannt: *Regina Pacis* – Königin des Friedens. Als Urbild der Kirche verpflichtet die *Regina Pacis* die Kirche in besonderer Weise auf den Frieden.

In seiner eingangs breit zitierten Botschaft zum Weltfriedenstag 2006 hat sich Papst Benedikt XVI. am Schluss an Maria als «die Mutter des Friedensfürsten» gewandt: «Wenden wir vertrauensvoll und in kindlicher Hingabe unseren Blick auf Maria, die Mutter des Friedensfürsten. Am Anfang dieses neuen Jahres bitten wir sie, dem gesamten Gottesvolk zu helfen, in jeder Lage Friedensstifter zu sein, indem es sich erleuchten lässt von der Wahrheit, die frei macht (vgl. Joh 8,32). Möge die Menschheit auf ihre Fürsprache hin eine immer größere Wertschätzung für dieses grundlegende Gut entwickeln und sich dafür einsetzen, sein Vorhandensein in der Welt zu festigen, um den nachwachsenden Generationen eine unbeschwertere und sicherere Zukunft zu übergeben.»

Satz 25–27:
Jesus – nicht Augustus
(Lk 2,20–21)

25 ²⁰*Und die Hirten kehrten zurück.*
26 *Sie priesen und lobten Gott für alles, was sie gehört und gesehen hatten, gemäß dem, wie zu ihnen geredet worden war.*
27 ²¹*Und als erfüllt waren acht Tage, ihn zu beschneiden, da wurde genannt sein Name JESUS, (der genannt worden war von dem Engel, bevor er im Mutterleib empfangen wurde).*

Das letzte Wort der ursprünglichen Weihnachtserzählung ist der Name JESUS, der bisher noch gar nicht gefallen war. Dadurch, dass im ersten Textstück der Kaiser AUGUSTUS und im letzten (dem Lukas dann noch den Verweis auf die Namensankündigung angefügt hat) JESUS genannt wird, ist die Gegenüberstellung der beiden Friedensbringer, des angeblichen und des wirklichen, deutlich betont. Der Name Jesus verweist zudem auf Gott selbst: Gott rettet!

«Sie priesen und lobten Gott»

Der Lobpreis der Hirten ist im Zusammenhang der ganzen Erzählung ein Einstimmen in den Lobpreis der Engel, wie es seither in jeder Dankesfeier der Kirche am Ende der Präfation im «Sanctus» geschieht. Hören und Sehen sind durch die Worte, «wie zu ihnen geredet worden war», verbunden und damit in einen Horizont gestellt, der nichts Selbstgemachtes ansagt. Die Linie des «wie zu ihnen geredet worden war» wird durch Lukas dann noch weitergeführt, der daran erinnert, dass schon in der Geburtsankündigungserzählung der Engel Gabriel zu Maria gesagt hatte: «Du wirst ein Kind empfangen, einen Sohn wirst du gebären; dem sollst du den Namen Jesus geben» (Lk 1,31).

«Er wurde beschnitten»

Die Beschneidung des jüdischen Knaben Jesus wird ebenso feierlich mit dem Hinweis auf die «Erfüllung der Tage» eingeleitet, wie die Geburt selbst; jetzt ist er volles Mitglied des Gottesvolkes geworden, der Tora untertan, wie Paulus im Galaterbrief bemerkt hat: «Als die Zeit erfüllt war, sandte Gott seinen Sohn, geboren aus einer Frau, unterstellt dem Gesetz» (Gal 4,4).

Paulus hat wenig später im Galaterbrief seine Gemeinden wissen lassen: «Ich versichere noch einmal jedem, der sich beschneiden lässt: Er ist verpflichtet, das ganze Gesetz zu halten» (Gal 5,3).

Und im Römerbrief erinnert Paulus, als er die Gemeindemitglieder, Juden- und Heidenchristen, mahnt, einander anzunehmen, noch einmal daran: «Denn, das sage ich: Christus ist um der Wahrhaftigkeit Gottes willen Diener der Beschnittenen geworden, damit die Verheißungen an die Väter bestätigt werden. Die Heiden aber rühmen Gott um seines Erbarmens willen» (Röm 15,8–9).

Beschneidung des Herzens

Jesus ist insbesondere auch als «Diener der Tora» Diener des Friedens. Denn die Tora verpflichtet nicht weniger als das Evangelium auf den Frieden. Und das Alte Testament weiß wie das Neue, dass der Friede an die Wahrheit gebunden ist; der erste Petrusbrief zitiert in seinem an Jesu Bergpredigt angelehnten Aufruf zur Eintracht ausdrücklich vier Verse aus Psalm 34 (13–17):

«Endlich aber, seid alle eines Sinnes, voll Mitgefühl und brüderlicher Liebe, seid barmherzig und demütig! Vergeltet nicht Böses mit Bösem noch Kränkung mit Kränkung. Stattdessen segnet; denn ihr seid dazu berufen, Segen zu erlangen. Es heißt nämlich: Wer das Leben liebt / und gute Tage zu sehen wünscht, / der bewahre seine Zunge vor Bösem / und seine Lippen vor falscher Rede. / Er meide das Böse und tue das Gute. / Er suche Frieden und jage ihm nach. / Denn die Augen des Herrn blicken auf die Gerechten, / und seine Ohren hören ihr Flehen, / aber das Antlitz des Herrn richtet sich gegen die Bösen» (1 Petr 3,8–12). Auch der Hebräerbrief nimmt den Aufruf aus Psalm 34 auf: «Strebt voll Eifer nach Frieden mit allen» (Hebr 12,14).

Mit dem Alten Testament weiß auch das Neue, dass der Beschneidung des Fleisches die Beschneidung des Herzens entsprechen muss. Der Apostel Paulus spricht wiederholt davon. Aber auch Jesus selbst hat deutlich davon gesprochen, dass der Friede durch das unbeschnittene Herz des Menschen gefährdet ist:

«Aus dem Herzen des Menschen kommen die bösen Gedanken, Unzucht, Diebstahl, Mord, Ehebruch, Habgier, Bosheit, Hinterlist, Ausschweifung, Neid, Verleumdung, Hochmut und Unvernunft» (Mk 7, 21–22). Jeder bedarf der Hilfe, sein Herz beschneiden zu lassen, damit er dem Frieden dienen kann.

SCHLUSSWORT:
»MIT DEN WURZELN IM MORGENLAND UND ZWISCHEN DEN STERNEN«

Jesus, den das Weihnachtsevangelium als Messias und Retter verkündet, war unter der Anklage, er habe sich zum König der Juden gemacht – und so die Majestät des Kaisers verletzt – ans Kreuz geschlagen worden, als angeblicher Rebell zwischen zwei Rebellen, als angeblicher Unruhestifter zwischen zwei Unruhestiftern. Konnte er der Friedensbringer sein? Waren nicht seine Anhänger Unruhestifter in aller Welt geworden wie er selbst in Judäa? In Saloniki werden sie beim Stadtpräfekten von den Juden der Stadt verklagt: «Diese Leute, welche die ganze Welt in Aufruhr gebracht haben, sind jetzt auch hier... Sie alle verstoßen gegen die Gesetze des Kaisers; denn sie behaupten, ein anderer sei König, nämlich Jesus» (Apg 17,6–7).

Pax Christiana?

Es gehört zu folgenschweren Missverständnissen der christlichen Botschaft, dass sich im Gefolge Konstantins des Großen spätere Politiker berufen fühlten, anstelle der christlichen Gemeinden, anstelle der Kirche – wenn auch unterstützt von ihr – in einer Ablösung der *pax Romana* die *pax Christiana* der Welt vorschreiben, aufzwingen zu sollen. Die damalige Welt wurde in der Einheit des Römischen Reiches begriffen und es war gewissermaßen selbstverständlich, dass der christliche Kaiser die Idee des Friedens nun neu interpretierte.

Doch schon am Beginn des 5. Jahrhunderts, nachdem der Glaube des Konzils von Nikaia verbindliche Norm für das Römische Reich geworden war, zeigte sich den großen Theologen der Kirche, dass *pax Romana* und *pax Christiana* nicht einfach identifiziert werden konnten. Doch die Unterscheidung hielt sich nicht durch; sie musste im Heiligen Römischen Reich deutscher Nation immer neu erkämpft werden. Zu dessen Beginn erschien die Idee im Gewand der *pax Carolina* (mehr der *pax Romana* als der *Christiana* verpflichtet) und die seit der Reformation nicht nur zerstrittene, sondern sich bekriegende Christenheit bedurfte selbst dringend der *pax Christiana*, wie es ein zum Abschluss des

Westfälischen Friedens 1648 entstandenes allegorisches Gemälde von Joachim von Sandrart, «Madonna mit dem Friedenstempel» (Münster, Westfälisches Landesmuseum für Kunst und Kulturgeschichte) in der Verbindung der verschiedensten Elemente sehr schön festgehalten hat: Die im Friedensschluss manifestierte *pax Christiana* wird beschworen. Das Weihnachtsbild, das der Ausmalung des Weihnachtsevangeliums entspricht, folgt der traditionellen Ikonographie der Madonna mit Christus- und Johannesknabe, ist aber um antike Bildsymbole ergänzt, einmal um den runden Friedenstempel mit der Inschrift: TEMP[LUM] PACIS, dann um einen Ölzweig, ein uraltes Friedenssymbol, in der Hand Marias; ferner um ein üppiges Füllhorn, dem Sinnbild für Fruchtbarkeit und Überfluss. Im Zentrum geben sich die beiden Kinder, Jesus und Johannes den Friedenskuss und eine Inschrift fasst zusammen: *Beati pacifici quoniam filii Dei vocabuntur* («Selig, die Frieden stiften, denn sie werden Söhne Gottes genannt werden»).

Die Idee einer *pax Christiana universalis*, wie sie 1648 propagiert wurde, ist in den folgenden Jahrhunderten nicht zur Realität geworden – und bei der Bildung der Europäischen Union hat sie keine erkennbare Rolle mehr gespielt. Im Gegenteil: Das Christentum ist bei der Verfassungsdiskussion kaum noch gefragt. Der jüdische amerikanische Rechtsgelehrte Joseph H. H. Weiler (Ein christliches Europa, Salzburg-München 2004) hat auf seinen «Erkundungsgängen» festgestellt, dass es das christliche Europa nur noch im Ghetto gebe; er spricht vom «Skandal der abwesenden Stimme» und berichtet, dass er in 79 von 86 kürzlich erschienenen Büchern, die sich mit der europäischen Integration und der europäischen Verfassung beschäftigen, «nicht einen einzigen Bezug, eine einzige Anspielung auf das Christentum» angetroffen habe.

Die Rolle prophetischen Widerspruchs

In seinem Interviewbuch «Salz der Erde» hat Joseph Kardinal Ratzinger 1996 geäußert: «Die Unzeitgemäßheit der Kirche, die einerseits ihre Schwäche bedeutet – sie wird abgedrängt – kann auch ihre Stärke sein. Vielleicht können die Menschen ja doch spüren, dass gegen die banale Ideologie, von der die Welt beherrscht wird, Opposition nötig ist, und dass die Kirche gerade modern sein kann, indem sie antimodern ist, indem sie sich dem, was alle sagen widersetzt. Der Kirche fällt eine Rolle des prophetischen Widerspruchs zu, und sie muss auch den Mut dazu haben. Gerade der Mut der Wahrheit ist – auch wenn er zunächst eher zu schaden scheint, eher Beliebtheit wegnimmt und die Kirche gleichsam ins Ghetto zu drängen scheint – in Wirklichkeit ihre große Kraft.»

Das Weihnachtsevangelium war einmal der Text prophetischen Widerspruchs mit dem Mut zur Wahrheit. Kann es dies noch einmal werden? Ein neuer Anfang, wie soll er gemacht werden? Kann er «gemacht» werden?

Ihn zu erhoffen, ihn zu erwarten, ihm als einem Wunder «wie einem Vogel die Hand hinzuhalten» (Hilde Domin), bedarf der Ermutigung. Es gab und gibt Zeitgenossen, die uns im Zutrauen darauf stärken, dass die wichtigste Strecke des Christentums nicht schon hinter uns, sondern noch vor uns liegt. Dass das Weihnachtsevangelium nicht kalter Kaffee, sondern kräftige Zukunftsmusik ist.

«Bis jetzt war nur Kindheit»

Heinrich Böll gehörte zu diesen kritischen, wachen Zeitgenossen; der katholische Schriftsteller hat in Aufsätzen und Reden wiederholt seine Sicht vorgetragen, dass das Christentum wahrscheinlich noch nicht wirklich begonnen habe: «Ich habe die Erlösung auch immer als Befreiung empfunden, und ich glaube, dass die Befreiung noch aussteht, dass das Christentum – sagen wir – jetzt erst anfangen kann. Bisher war es immer verbrämt, immer an ein bestimmtes System gebunden.» Die weihnachtliche Verbrämung hat der Satiriker Böll auf seine Weise humorvoll karikiert. Heinrich Böll ließ sich als Zeichen dafür, das etwas Neues beginnen müsse und erst in unserer Zeit beginnen könne, seine Kirchensteuerzahlungen, die er nicht mehr freiwillig leisten wollte, pfänden. Jean-Marie Kardinal Lustiger, der Erzbischof von Paris, hat aus ganz anderen Erfahrungen heraus vor einigen Jahren in mehreren Interviews einmal geäußert, die Kirche sei gerade dabei, ihre Kinderkrankheiten zu überwinden, aus ihren Kinderschuhen auszusteigen und erwachsen zu werden: «Ich meine, wir sind erst am Anfang des christlichen Zeitalters ... Wir sind nur am Anfang von der christlichen Zeit. Erst am Anfang. Bis jetzt war nur Kindheit ... Jetzt hat die schönste und die gefährlichste Zeit der Menschheit angefangen.»

Das Bild von den «Kinderschuhen» hatte schon 1939 Franz Werfel in seinem Roman «Der veruntreute Himmel» gebraucht. Dort lässt er sagen: «Ich bin tief davon überzeugt, dass die Offenbarung des Alten und Neuen Bundes und damit die Kirche selbst das allergrößte Ereignis der gesamten bisherigen Menschheitsgeschichte bedeuten. Dann aber muss ich mir sagen, diese Geschichte steckt noch in den Kinderschuhen.»

Ida Friederike Görres hat in einer Tagebuchnotiz aus dem Jahr 1959 (in: Zwischen den Zeiten. Aus meinen Tagebüchern) denselben Gedanken im Blick auf die neuen Möglichkeiten der Kirche als eines «echten lebendigen Organismus» in einem «lebendigen Wir» von Gemeinden ermutigend zum Ausdruck gebracht:

«Jeder wache Christ hat wohl das Gefühl, dass das ‹Christentum› als Verkörperung der Botschaft Christi noch kaum aus dem ABC-Stadium herausgekommen ist, aus dem ersten vagen und verzerrenden Experimentieren und die ganze Fülle der möglichen Verwirklichung noch vor uns liegt.»

Sich an die Kirche anhängen

Auch Kardinal Joseph Ratzinger fand in «Gott und die Welt» ermutigende Worte: «Die Volkskirche kann etwas sehr Schönes sein, sie ist aber nicht etwas Notwendiges. Die Kirche der ersten drei Jahrhunderte war eine kleine Kirche und trotzdem keine sektiererische Gemeinschaft. Im Gegenteil, sie war nicht abgeschottet, sondern hat eine Verantwortung für die Armen, die Kranken, für alle gesehen. In ihr haben alle, die nach dem Ein-Gott-Glauben, die nach einer Verheißung suchten, einen Raum gefunden. Schon die Synagoge, die Judenschaft im Römischen Reich, hatte diesen Umraum von Gottesfürchtigen gebildet, die an sie angeschlossen waren und damit eine sehr weite Öffnung vollzogen. Das Katechumenat der alten Kirche war etwas ganz ähnliches. Hier konnten Leute, die sich zu einer Totalidentifikation nicht imstande fühlten, sich gleichsam an die Kirche anhängen, um zu sehen, ob sie den Schritt in sie hinein aufbringen würden. Dieses Bewusstsein, nicht ein geschlossener Club, sondern immer aufs ganze hin geöffnet zu sein, ist ein untrennbarer Bestandteil der Kirche. Und gerade mit den Verkleinerungen der Christengemeinden, die wir erleben, werden wir nach solchen Formen der Zuordnung, des Sichanhängen-Könnens, der Offenheit Ausschau halten müssen. Ich bin deshalb nicht dagegen, wenn Menschen, die das ganze Jahr über keine Kirche aufsuchen, wenigstens in der Heiligen Nacht hingehen.»

Vielleicht trifft sie dann einmal das Wort des Engels vom HEUTE?

«Heute geht es erst an!»

In einem Bändchen mit Texten, Gedichten, Gebeten und Liedern unter dem Titel «Heute geht es erst an» (Urfeld 1992) von Hedvig Fornander (†1989), der schwedischen Lyrikerin und Musiklehrerin, Gründungsmitglied der Katholischen Integrierten Gemeinde, lautet ihr im Vorwort abgedruckter Text vom 8. April 1975: